유교문화와 여성[1]

차례
Contents

유교문화와 성담론

예로부터 동양문화에서 '성(性)'은 비하되거나 신비화되었다고 하는 통념들이 있어왔다 그러나 중국의 성풍속사를 다룬 반 훌릭(R.H. van Gulik)은 남녀의 엄격한 분리가 2천 년 전부터 본격적으로 시작되었다고 하는 청나라 문인학자들의 주장은 근거 없는 것이라고 하면서, 중국에서는 13세기까지 성의 분리가 엄격하게 요구되지 않았으며, 교접에 대해서도 자유롭게 말하고 쓸 수 있었다고 한다. 또한 중국에서 여자들과 관계를 가지는 법을 가장에게 가르치는 성의 교본은 2천 년 전부터 존재했으며, 13세기경에 폭넓게 연구되었지만, 그 후 유교의 엄격한 금욕주의가 점차 힘을 얻게 되자 이런 종류의 문헌이 유통되지 않게 되었다고 한다.[2) 또한 중국 전통사회의 문화현상을 탐구하는 데 있어 성규범과 사회발전과의 관계에 천착한 장샤오위앤[江曉原] 역시 "중국고대에서 성은 중시되었지 결코 비하되거나 신비화되지 않았으며, 이런 점이 바로 송나라 이전에 성과학이 장족의 발전을 할 수 있는 좋은 외부조건을 제공하였다고 본다. 다만 송나라 이후 성이 점점 비하되고 신비화되면서 일종의 악성 순환이 시작되었다"[3]고 한다.

이러한 주장들을 통해 동양사회에서 성관념이 바뀌게 되는 과정 중 송대에 형성되었던 '성리학'이 매우 중요한 위치를 점하고 있음을 알 수 있다. 이는 비단 중국에 한정되지 않고, 『일본인의 성』을 쓴 히구치 기요유키[樋口淸之] 역시 일본인의 비뚤어진 성의식을 키워낸 것으로 불교의 성천시사상과 유교의 여성멸시사상을 들고 있다.[4] 우리나라의 경우에도 고려시대까지는 비교적 자유롭게 남녀 간의 사랑을 표현하였는데, 성리학이 도입된 조선조에 들어 엄격한 성통제가 이루어졌다고 보는 것이 일반적인 통념이다. 따라서 이순구는 조선 초 여성의 지위를 논하면서 주자학적 의식체계는 조선 후기 주자학적 질서가 정착된 이후의 의식이므로, 조선 후기의 사회상을 조선시대 전반에 걸친 특질로 이해하고 더 나아가 그러한 특질을 우리사회 본연의 모습으로 규정하는 일반인의 통념은 바뀌어야 할 필요가 있다고 한다. 즉, 조선 초기 일반인들의 관습상 많이 시행되었던 남귀여가(男歸女家)의 혼인풍속이나 여자의 제사상속, 재산상속 같은 소유권 등의 문제를 통해서, 주자학적 이념의 보급은 과거로부터의 전통적인 생활방식을 명문화한 것이 아니라, 일반적인 관행과는 다른 새로운 법질서를 위정자들이 의도적으로 창안한 것임을 입증하고 있다. 여기서 남귀여가의 혼인풍속이란 남자가 혼인 초기에만 여자집에 머무는 것이 아니라 자식을 낳아 성장할 때까지 처가에서 동거하는 제도로, 이 당시 혼인한 딸은 결코 남의 집 사람이 아니었다. 결국 이 당시 딸에게도 아들과 같은 상속분이 존재하였다는 것은 자신의 가산이 타인에게 넘어가는 것이 아니라는 의식이 전제된 것이다. 여자의 제사상속에 있어 대표적인 사례는 신사임당의 제사상속이다. 16세기 중엽 이이가 외가 신씨의 제사를 받든 것은 당시까지만 해도 양자제가 보편적인 습속이 아니었음을 보여주는 일례라고 한다.[5]

이렇듯 중국, 한국, 일본의 동아시아 삼국의 성윤리를 형성하는 데 중요한 변화를 이루게 한 것이 유교, 특히 성리학이라고 하는 점은 많은 학자들이 공감하고 있는 부분이다. 그러나 이러한 사실이 성리학이 이전의 유학보다 더욱 여성비하적인 사상체계였다는 것을 입증해주는 것은 아니다. 오히려 이 글에서는 성리학이 성립된 이후 여성억압이 가속화되었다는 통념에 대한 재고를 요청한다. 이전 사상과는 달리 성리학 체계에서는 여성 섹슈얼리티(sexuality)에 대한 통제가 성역할 개념과 긴밀히 연관되면서 더욱 강화되었기에 성윤리에서의 차이를 빚게 되긴 하였지만, 여성이 '가족'이라는 틀 안에 있는 이상적인 여성상으로서의 현모양처 역할을 제대로 수행하였을 경우에는 그에 합당한 지위와 권력이 주어졌다고 볼 수 있기 때문이다. 그러나 성리학적 질서에 편입되지 않은 여성, 즉 가족의 테두리에서 벗어나 있는 여성에 대해서는 매우 가혹하였다는 점도 간과되어서는 안 된다. 성리학적 질서에서 재가(再嫁)를 그토록 엄격하게 통제한 것 역시 가족의 테두리를 넘어선 여성에 대한 제재였다는 점을 염두에 두어야 한다.

따라서 본고에서는 성리학이 등장하면서 여성억압이 더 가혹해졌다는 시각과, 성리학적 틀 속에서 여성의 지위는 다른 문화권에서의 여성의 지위보다 높았다고 하는 두 가지 통념 모두 문제가 있다는 점을 지적하고자 한다. 그리고 유교문화에서 여성의 존재론적 지위에 대한 검토는 여성/남성의 위계적 성관계를 지지해주는 음양의 원리에 의거한 가부장제라는 틀을 벗어날 수 없으며, 성리학적 질서 속에서 이전과 달리 섹슈얼리티에 대한 통제가 더욱 가혹하게 이루어진 것은 국가와 가족의 관계에 대한 사고변화와 관계가 있다는 점에 주목하려 한다. 이에 대한 이야기는 앞으로 좀더 세밀하게 논의하기로 하고, 그에 앞서 우리가 동양 삼국을 유교문화권이라 부를 때 그 유교문화권이라는 것이 무엇을 의미하는가를 살펴보도록 하겠다.

유고문화권에서 '가족'의 역할

　　예부터 중국, 한국, 일본은 동일한 유교문화권에 속했다. 삼국이 서로 상이한 근대화 과정을 겪으며 중국은 인민공화국으로, 일본은 자본주의의 선두로, 한국은 일본의 식민지를 거쳐 자본주의사회로 진입한 지금에 있어서도 동양 삼국을 묶어주는 개념으로 여전히 유교문화권이라는 말을 사용하고 있다. 가지 노부유끼[加地伸行]는 유교가 중국과 한국, 일본의 역사 속에 흐르고 있으며, 이러한 의미에서 세 나라를 유교문화권으로 통괄할 수 있다고 하면서, 유교에 대한 심층적인 이해를 위해서는 가부장제 예교성(禮敎性)을 더욱 근본적으로 밑받침해주는 바탕인 종교성을 보아야 한다고 한다. 그리고 이를 토대로 유교문화권의 개념정의를 효, 특히 조상숭배를 중심으로 하는 유교에 의해 역사적, 종교적으로 일체화되어 있는 문화권[6]이라고 하고 있다. 그러면서 유학의 형성을 생명론인 효를 기초로 해서 그 위에 가족윤리를 만들었고, 또 그 위에 사회윤리를 만들었으며, 후세에 12세기의 신유교가 되면 그 위에다 다시 우주론과 형이상학까지 만들게 되었다고 본다.

이처럼 조상숭배를 중심으로 하는 유교의 종교성이 유교의 본질이라고 보는 가지 노부유끼의 주장은 유교문화권을 정의하는 데 있어 어느 정도 타당성을 지닐 수 있다고 생각한다. 그러나 이와 같은 유교의 종교성이나 예교성이 언제나 가족이라는 틀 속에서 발생하였고 실행되었다는 점을 생각해본다면, 유교의 성격을 해명하는 데 '가족'에 부과된 일련의 가치들을 검토해본다는 것은 오늘날까지 유교문화를 지속시켜온 원천에 접근하는 중요한 통로라고 볼 수 있을 것이다. 특히 가족을 성립시키는 중요한 요소인 결혼 및 성에 대한 관념을 이해한다는 것은 유교문화를 이해하는 데 본질적인 위치를 차지한다고 볼 수 있다. 따라서 가지 노부유끼가 가부장제의 근거로서의 예교성이나, 예교성의 근거로서 종교성을 제시하는데, 이 예교성이나 종교성 역시 가족이라는 장에서 구현되고 있기 때문에, 가족이 어떠한 방식으로 정의되느냐가 예교성과 종교성의 구현에 핵심적인 방식을 제공한다는 것도 부인할 수 없을 것이다.

서유럽의 경우 19세기는 여성의 삶이 새롭게 개념화되는 시기이며 그에 발맞추어 가족과 국가와의 관계변화가 뚜렷하게 드러난다.[7] 이러한 변화에 대해 한나 아렌트(Hannah Arendt)는 근대에 들어와 사회가 발전하면서 가족이 쇠퇴하였다는 사실을 통해 가족단위체(家族單位體)가 그것에 상응하는 사회집단으로 흡수되었다고 설명한다.[8] 그러나 서구문명과의 충돌과 함께 진행된 동양의 근대시기에는 산업구조에 따른 가족관의 변화가 대두되기보다는 오히려 유교윤리의 지지를 받는 전통적인 가족관이 강화되었다. 즉, 산업화가 진전되면서 가족의 외형은 변화했으나 가족윤리에는 변함이 없었다는 의미이다. 정진성은 이를 우리나라의 경우는 유교적 가부장제로, 일본의 경우는 천황제 가족국가로 개념화한다. 그리고 이를 토대로 하여 한국과 일본에서 여성의 지위가 산업화 수준에 비해 세계의 다른 나라들보다 낮은 이유를 두 나라의 유사한 문화전통으로 설명한다.[9] 여기서 말한 유사한 문화전통이란 바로 유교문화를 가리킨다.

따라서 가족제도를 토대로 그 뿌리를 내린 유교는 수천 년의 역사 동안 동아시아권에 지속되어 오며 시대변화에 따라 그에 맞는 가족윤리를 창안해냄으로써 그 명맥이 유지되었다. 특히 가족윤리를 정초짓는 토대에 남녀의 성역할에 대한 합리화된 모델이 제시됨으로써 시대의 흐름에 맞추어 변화를 겪으며, 점차 정교화된 틀로 자리잡게 된다. 섹슈얼리티를 자아의 성찰적 기획의 핵심으로 본 앤소니 기든스(Anthony Gidens)는 "성적 행동이 재생산이나 대물림에 연결되어 있는 한 섹슈얼리티는 분명한 존재를 갖지 않으며, 성적 행동은 재생산으로

의 지향과 관능의 기술에의 지향으로 분리된다"고 본다. "생애주기가 점차 내부준거적이 되고, 또한 자기 정체성이 더욱더 성찰적으로 조직된 것으로 받아들여질수록 섹슈얼리티는 개인의 자산이 되며, 이제 섹슈얼리티는 다른 사람과의 차별성에 기초한 관계를 형성하는 수단이며, 더 이상 세대를 가로질러 지속되는 불변의 친족질서에 근거하지 않는다"고 했다.[10]

그러나 수천 년에 걸쳐 지속되고 있는 유교문화에서 성담론은 개인의 자산으로 논의되기보다는 사회 속에서 부여받은 개인의 지위에 따른 역할에 결부되어 논의되고 있으며, 오늘날에 있어서도 유교문화의 성담론은 과거의 담론에 한정되는 것이 아니라, 우리들의 성의식 형성에 중요한 역할을 하고 있는 것이 사실이다. 그리고 이는 유교에 기반한 가족윤리와 밀접하게 결부되어 있다. 어떻게 보면 유교문화권의 구성원들의 생애주기가 아직도 내부준거적이라기보다는 가족단위의 사고가 지배적이라는 것을 보여주는 일면이기도 하다. 따라서 유교문화권에서 성담론의 변화는 가족관의 변화 없이는 이루어질 수 없다고 보아도 과언이 아닐 것이다. 어쩌면 오늘날 급격하게 변하는 성의식은 유교에 기반한 가족관의 변화를 예고하고 있는지도 모르겠다.

유교문화권에서 이루어지고 있는 성담론은 성적인 욕망과 성역할이 긴밀하게 결합되고 있는 반면에 성담론의 주요 개념 장치라고 할 수 있는 섹슈얼리티와 젠더(gender) 간의 분화는 명확히 이루어지고 있지 않다. 특별히 섹슈얼리티의 문제가 논의의 수면에 떠오르게 된 것은 성리학이 성립되는 시기이다. 따라서 이때가 되면 전통적인 유교문헌에 대한 새로운 해석이 등장하게 된다. 이때 주요 잣대로 제시되는 원리는 유교가 지속되는 수천 년간 변함없이 관철되고 있는 사유인 가족 내에서의 성역할론으로 볼 수 있다. 따라서 유교문화 속에서의 성담론 내지 성의식에 대한 탐구를 위해서는 푸코의 성과 권력의 관계에 대한 논의 틀이 좀더 유효할 수 있다. 푸코는 성과 권력의 관계에 대한 현대의 여러 분석들에서 문제는 욕망이 정말로 권력과 무관한가? 흔히 상상되듯이 욕망이 법보다 앞서는 것인가? 또는 반대로 법이 욕망을 성립시키는 것은 아닌가를 아는 데 중심이 있는 것이 아니라, 욕망이 어떠하든 사람들은 욕망을 언제나 법 및 담론으로 나타나는 권력과 관련하여 이해한다는 점임을 강조한다.[11] 여기서 성을 매개로 하여 법 및 담론으로 나타나는 권력은 유교문화권에서는 음양론에 기반한 가족윤리와 긴밀히 연결되어 있다. 이 부분에 대한 자세한 논의는 뒤에서 이루어질 것이다.

유교 가족윤리에 나타난 성담론

유교 가족윤리는 음양에 의거한 엄격한 성역할론에 근거한다. 따라서 유교 가족윤리는 음과 양에 부여된 상징체계들에 의해 가족 내에서 여성과 남성의 위치를 규정짓는 방식으로 전개된다. 특히 유학이 음양론과 긴밀히 결합된 한대 이후부터 음양의 위계론에 근거한 가족윤리의 정당화가 이루어졌으며, 음양의 상징체계에 나타난 위계관이 가족윤리 속에 몇천 년간 지속되었다고 할 수 있다. 그러나 이 글의 첫머리에서 말했듯이 성리학의 대두시기에 성풍속이 바뀌었다는 것도 역사적 사실이라고 할 수 있다. 그렇다면 음양론을 유학에 도입하여 위계적인 체계를 이론화시킨 한대유학과 이기론(理氣論)에 근거하여 개인의 덕을 구현할 것을 강조한 성리학과의 대비

속에서 가족윤리의 변화는 어떻게 설명될 수 있고, 그때 음양론에 의거한 상징체계는 어떠한 자리를 차지하고 있는 것일까? 이에 대한 고찰을 위해서는 한대유학과 성리학에서 제기되고 있는 음양론이 당시 성담론에 어떠한 영향을 미치고 있는가를 살펴볼 필요가 있다.

한대유학과 송명성리학에서의 성담론 비교

유학사상사의 흐름에서 유학체계의 변용은 크게 두 번 일어나게 된다. 한대유학과 송명유학이 그것이다. 한대유학과 송명유학이라는 명칭은 비록 중국역사에 등장한 특정시기의 왕조에 따른 분류이기는 하나, 이는 좀더 포괄적으로 보면 유학사상의 흐름에서 등장하는 사유형식의 특징을 대변하는 것이므로 유교문화권의 유교윤리를 설명하는 데 보편적으로 적용할 수 있는 명칭으로도 볼 수 있다. 이러한 사유형식을 지닌 유학이 각 나라에 도입되면서 다양한 변용을 거치게 되지만, 기본적인 이념이나 유교윤리를 정당화하는 기본 틀은 공유한다는 의미에서 보편적으로 적용될 수 있다는 것이다.

유교윤리를 정당화하는 기본 틀에서 볼 때 한대유학과 송명유학의 특징을 설명해본다면 다음과 같다. 한대유학은 동중서(董仲舒)가 음양론에 근거하여 유학이론을 국가제도 정비에 적합하도록 변용시킨 것을 의미한다. 따라서 이때 중요한 덕목은 충효(忠孝)가 된다. 그러나 이때 효(孝)는 어디까지나 충

(忠)을 설명하기 위한 전제에 지나지 않는다. 그만큼 이 당시 유학자들의 일차적인 관심은 유학적 원리에 근거하여 정치윤리를 강조하는 데 놓여 있었다.

이차적 변용이라고 할 수 있는 송명유학, 즉 성리학의 경우 유학적인 가치를 내면화한 도덕군자에 의해서 다스려지는 이상국가를 염원한다는 측면에서 본다면 기존의 유학과 다르지 않다. 그러나 이론전개의 중점은 더 이상 이상국가를 창출하기 위한 통치철학을 고안해 내는 데 있지 않고, 오히려 개인의 수양, 즉 유학적인 가치를 내면화하는 방식 내지는 내면화 과정에서 제기되는 인간관을 조망해보는 데 있다. 따라서 교화의 단위가 국가라기보다는 향촌사회에 놓이게 되고, (기본적으로 향촌사회는 혈연에 의해 유지되는 가족관계가 중심이 되므로) 충효라는 관점에서 본다면 충보다는 효를 더 근본적이고 중심적인 가치로 삼는다.[12] 따라서 이때는 가정의례, 즉 관혼상제(冠婚喪祭)를 중심으로 하는 의례(儀禮)를 부각시키며 제도화할 필요성이 부각된다. 이는 성리학의 체계를 완성한 주희(朱熹)가 관직에 있을 때 사회풍속을 바르게 하기 위하여 의례를 제정해서 통일된 원칙 하에 관혼상제의 의례를 치를 근거규정을 마련하고자 노심초사한 것을 보아도 알 수 있다.

그러면 이러한 한대유학과 성리학에서 음양론이 어떠한 위치를 차지하고, 그것이 성담론과 어떠한 연관을 맺는지 좀더 자세하게 살펴보도록 하겠다.

한대유학과 성담론

우주론적 근거에 기반하여 '인륜'을 정당화하고자 한 한대 유학에서는 우주자연과 인륜질서를 관통하는 개념으로 음양 개념을 제시하면서, 인간이 구현해야 할 '당위질서'를 자연계 의 운행원리에 토대를 두고서 설명해낸다. 특히 군주와 신하 관계나, 남편과 아내관계, 아버지와 자식관계라고 하는 세 관 계의 틀은 우주자연에서의 음양의 역할을 토대로 하여 양에 해당하는 군주, 남편, 아버지는 음에 해당하는 신하, 아내, 자 식에게 절대적인 영향력을 행사하며, 음에 해당하는 존재에게 독립적인 존재성을 부여하지 않게 된다. 이것이 바로 삼강(三 綱)의 틀로 제시되는 인륜질서 창출의 기반이다. 삼강의 틀 중 부부관계에서 성역할개념을 도출해낼 수 있으며, 따라서 가족 범주의 기반으로 제시될 여성 젠더에 대한 지식이란 '음(陰)' 에 부과된 특성에서 찾아볼 수 있다.

그러면 먼저 한대유학의 정초자라고 할 수 있는 동중서가 자신의 사상을 전개하는 과정에서 음양오행을 매개로 하여 인 륜질서를 정당화하는 방식을 설명해보도록 하겠다. 이는 인간 과 하늘의 상호감응체계에 그 뿌리를 두고 있다. 즉, 동중서 사상에서 중요한 부분인 동류상동(同類相動)사상은 바로 음양 의 속성을 가지고 인간세의 길흉화복을 설명하는 인간과 하늘 [天]의 감응체계이다. 동중서는 천수(天數)와 인간의 몸이 합 치되는 측면에 초점을 두고서 천인이 동류임을 설명한다. 인 간의 366개의 뼈마디와 일 년의 날수, 오장과 오행, 사지와 사계 등이 숫자상 동일하며, 인간의 사려나 행위 역시 천지와 부합된다고 한다. 여기서 숫자에 부합하는 것은 인간의 외형적인 몸이고, 유(類)에 부합하는 것은 마음의 사려나 희노애락의 정감, 강유의 성질 등이라고 할 수 있다. 따라서 이러한 천인감응 체계에서 하늘의 작용을 드러내는 매개로 작용하는 음양오행의 전개과정과 인륜질서의 필연성을 밝히는 부분은 동중서가 강조하는 충효사상의 형이상학적인 정당화와 긴밀한 연관이 있다.

동중서는 모든 사물은 음양의 합으로 구성되어 있다고 보며, 그 사물을 군신(君臣), 부자(父子), 부부(夫婦)관계를 통해서 구체적으로 규정한다. 또한 양(陽)의 주도적인 역할을 강조하여 음양의 합으로 형성된 모든 것에는 바로 상하의 존비차이가 엄존한다고 한다. 이를 입증하는 과정에서 그는 오행(五行)의 상생(相生)과정과 음양(陰陽)의 상보(相補)과정을 중점적으로 논의한다. 그는 오행의 상생과정을 통해서 부자관계를 설명한다.[13] 즉, 오행의 상생과정을 사람의 삶에서 아버지가 자식을 낳는 것과 유사하다고 보면서, 아버지는 베풀어주는 자로서, 자식은 그것을 이어받아서 계승하는 자로 설정한다. 이러한 관념은 전통적으로 내려오던 가업의 계승과 관련된 자식의 도리를 설명할 수 있는 근거가 된다. 이처럼 그는 하늘의 낳고[生], 기르며[長], 거두어들이고[收], 저장하는[藏] 기능을 부자의 수수(授受)관계와 동일시함으로써 부자관계에서 요구되는 덕목을 자연의 법칙으로 보편화시켜 절대화를 꾀한다.

그러나 다른 한편으로 이러한 부자관계는 양자가 서로를 규정하는 상대적인 관계로 볼 수도 있다. 부자의 수수관계에 따른다면 아버지가 베풀어준 것에 근거하여 자식이 행해야 하므로 각각의 부자관계의 특수성에 따라서 효의 내용이 달라지게 된다. 즉, 각각의 신분에 따라 효의 내용이 결정된다는 의미이다. 그러나 군신관계는 이와 달리 절대적으로 규정되며, 모든 사람에게 예외가 없다. 한 나라에 임금의 신하 아닌 사람이 없기 때문이다. 따라서 군신관계를 설명할 때는 양존음비(陽尊陰卑)의 고정화되고 불변적인 절대적 상하관계에 근거한다.14)

이렇게 오행의 상생과정과 음양의 존비관념을 토대로 정당화한 부자와 군신관계는 자식과 신하에게 부과하는 윤리인 충과 효를 도출하는 방식으로 나아간다. 동중서는 천지(天地)의 작용을 보면서 충(忠)의 덕목을 다음과 같이 설명한다.

땅이 구름을 내어서 비가 되며, 기를 일으켜서 바람이 된다. 바람과 비는 땅이 행한 것이다. 그러나 땅은 감히 자신에게 공명이 있다고 하지 않고 반드시 하늘에게 그것을 바친다. 이는 천명을 따라 이루어지는 것과 같다. 그러므로 하늘의 바람/하늘의 비라고 말하지, 땅의 바람/땅의 비라고 말하지 않는다. 힘쓰는 것은 땅이지만, 명성은 줄곧 하늘에 돌려지니 지극한 의리가 있지 않다면 어떻게 이것을 행할 수 있겠는가? 그러므로 아랫사람이 윗사람 섬기기를 땅이 하늘을 섬기는 것과 같이 하면 위대한 충(忠)이라고 할 수 있다.15)

이것은 음양으로 대표되는 천지(天地)의 관계에서 음(陰)이 자신의 공덕을 드러내지 않으면서 윗사람을 보필하는 태도를 찬양한 것이다. 즉, 신하의 충(忠)은 자신의 모든 것을 바쳐서 임금을 보필하되 자신의 공(功)을 드러내지 않는 것으로 보았다. 그리고 효의 덕목 역시 오행(五行) 중에 토(土)가 자신을 드러내지 않으면서 나머지 사행(四行)의 운행을 돕는 방식을 통해서 도출해낸다.

> 자식이 행하는 것에서는 토(土)가 화(火)를 섬기는 것을 보여준다. 비록 중앙에 위치하여 일 년 중 72일을 관장하여 화를 보조하여 조화하고 기르고 배양하지만, 명성을 내지 않고 모두 화에게 공효를 병합시켜 화가 번성할 수 있게 된다. 감히 아버지와 공을 나누지 않는 것이 효의 지극함이다.[16]

그러나 효의 덕목을 설명할 때 동원된 오행의 상생과정에서 본다면, 아버지가 어떠한 일을 하든 자식은 그것을 계승해야 하므로, 부자관계에서는 항상 아버지의 지위나 신분에 따라서 자식이 계승해야 할 실질적인 내용이 결정된다. 그러나 이러한 효는 어떠한 내용을 계승하든 간에 모두 동일한 덕목으로 제시된다.

이처럼 오행과 음양의 관계를 통해서 설명한 부자관계와 군신관계는 약간의 차이를 보이기는 하지만, 부자관계와 군신관계에서 자식이나 신하가 무조건 복종해야 하는 위치에 있다는 점에서는 동일하다. 그리고 이러한 덕목을 사회유지의 측면에서 옹호해줄 수 있는 근거는 바로 토(土)의 속성에서 나온다. 따라서 군신관계에서의 충(忠)과 부자관계에서의 효(孝)를 서로 유사한 속성을 지닌 천지에서의 지(地)와 오행에서의 토(土)의 속성으로 제시한다. 이것은 또한 음양과 오행의 상호융합 과정에서 서로 하나의 체계로 포괄된다.

충신의 의리와 효자의 행동은 토(土)에서 취하는 것이다. 토는 오행 중에서 가장 귀한 것으로 그 의리는 덧붙일 수 없다. 다섯 가지 음(音) 중에서 궁음(宮音)이 가장 귀하고, 다섯 가지 맛 중에서 단맛이 가장 귀하며, 다섯 가지 색 중에서 황색이 가장 아름답다. 그러므로 효는 땅의 의리라고 말한다.[17)]

여기에서 오행 중 토(土)를 가장 귀한 것으로 본 이유는 자신을 드러내지 않으면서 오행의 운행을 돕는 토의 특성 때문이다. 따라서 토의 존재의의는 자신을 규정할 수 있는 실제적인 존재성은 드러내지 않으면서도 전체적인 운행과정을 원활히 도울 수 있다는 데서 찾아진다. 이에 비추어 보면 충이나 효의 덕목 역시 자식이나 신하의 존재성에서 도출된 덕목이라기보다는 사회유지라는 측면에서 필요로 하는 희생정신을 강조하는 데서 제기된다.

그러므로 효자의 행동과 충신의 의리는 모두 땅을 본받는다. 땅이 하늘을 섬기는 것은 아랫사람이 윗사람을 섬기는 것과 같다. 땅은 하늘에 합병되어 사물이 모이는 뜻이 없다. 그러므로 천지의 정수를 미루어보고 음양의 부류를 운행하여 이치에 따르고 거스르는 것을 구별하니 어느 곳에 덧붙여져서 존재하지 않겠는가? 위아래에 있고, 크고 작은 것에 있으며, 강하고 약한 것에 있고, 현명함과 어리석음에 있고, 선악에 있다.[18]

이 글에서는 지(地)라고 언급했지만, 여기서의 지(地)의 작용은 바로 토기(土氣)의 속성과 유사하다. 왜냐하면 크고 작음[大小]이나, 강함과 약함[强弱], 현명함과 어리석음[賢不肖], 선함과 악함[善惡]은 동중서의 『춘추번로 春秋繁露』에서 전반적으로 음양으로 대별되어 나타나는 속성들인데, 여기서 이 양자를 모두 지(地)의 작용으로 보았다는 것은 음양을 대변할 때 지칭하는 천(天)과 대별되는 지(地)가 아니라 토기의 속성을 지닌 지(地)를 부각시킨 것을 의미하기 때문이다.

이상에서 오행을 통하여 부모와 자식 간의 덕목인 효를 강조하고, 음양을 통하여 임금과 신하 간의 덕목인 충을 강조하는 과정에는 모두 일방의 희생을 미화시키는 것이 큰 줄기를 이루고 있음을 알 수 있다. 이러한 사고방식은 유교문화권에서 중요시하는 관계중심적 사고에도 그대로 적용된다. 여기서 관계는 대등한 관계라기보다는 약자로 말할 수 있는 자식과 신하의 희생이 전제로 깔려 있다는 것을 염두에 두어야 한다.

이러한 의미체계는 가족윤리와 연관되었을 때 제기되는 여러 관계들에도 그대로 적용된다. 즉, 부자관계는 오행의 상생과정을 통해서 설명하는 반면, 가정 내의 부부관계는 주로 음양관계로 설명되는데, 이때 적용되는 음양의 논리는 군신관계를 근간으로 하는 국가 속에서 충을 강조하는 것과 마찬가지로 여성에게 정절을 강조하는 방식으로 나아가게 된다.

그런데 이러한 한대유학에서 다루어지는 삼강의 틀로 포괄되는 국가와 가족범주에서는 국가의 윤리덕목이라는 부분에 좀더 비중이 놓여진다. 따라서 국가윤리와 가족윤리가 충돌할 때는 항상 국가윤리가 우위에 놓이면서 사고된다. 마찬가지로 부부관계에서도 철저하게 양의 주도 하에 모든 일들이 관장된다. 따라서 송대 이전까지 중국에서는 이혼이나 재가가 빈번하게 일어나고 이를 꺼리는 풍속도 없다[19]고는 하지만, 이것이 여성의 지위를 논할 때 평가의 잣대로 사용될 수는 없다. 왜냐하면 이때 이루어지는 이혼이나 재가는 여성 개인의 요구나 필요에 의해서 제기된 것이 아니라 남성의 주도 하에 이루어진 것이기 때문이다.

즉, 이혼의 경우는 크게 두 가지로 대별되는데, 남편에게 일방적으로 쫓겨나는 경우이거나 정치적인 역학관계로 집안 간의 친분이 바뀌어 원수지간이 되었을 때 친정아버지에 의해서 이혼이 요구되는 경우이다. 이처럼 부인이 이혼을 요구할 수 없는 것 역시 음양론에 의거하여 다음과 같이 정당화된다.

남편에게 악행이 있어도 처가 떠날 수 없는 것은 땅이 하늘을 떠날 수 없는 것과 같은 이치이다. 남편이 비록 악하다고 해도 떠날 수 없으므로 『예기』 「교특생」편에서는 한결같이 함께하여 종신토록 고치지 않는다고 한다.[20]

땅이 하늘을 떠나지 못하듯이 부인이 이혼을 요구할 수 없다고 하는 논리는 모든 존재 및 그 존재에게 적합한 행위양식은 음양이라고 하는 존재구속력에 의해서 당위적으로 요청된다고 본 당시의 행위정당화방식이라고 할 수 있다. 당시 결혼은 개인의 만남이라기보다는 어디까지나 가족 간의 연대성격이 강해서 정치적 역학관계에 따라 그 결혼이 무효화될 수 있는 가능성이 높았으며, 그렇기 때문에 재가의 금지가 엄격하게 요구될 수 없었을 것이다. 따라서 송명시기에 재가가 금지되었다고 하는 현상 하나로 송대 이전과 이후 여성지위의 변화를 논할 수는 없다.

여성지위를 언급할 때 재가가 중요한 요인으로 논해지게 된 것은 성리학에서 재가금지가 엄격하게 시행되어, 근대시기에 여성해방문제를 다룰 때 재가금지조항의 삭제와 관련된 광범위한 담론이 형성되었기 때문이다. 따라서 송대 이전의 재가 허용여부가 그 당시 여성의 지위를 결정하는 주요인으로 여겨져서는 안 된다고 생각한다. 다시 말하면, 송대 이전에 재가가 허용되었다고 하여, 송대 이전에 여성존재는 송대 이후의 여성들보다 특별히 더 자유로웠거나 해방적이었다고 보는 것은 잘못된 잣대를 적용한 결과라는 것이다. 왜냐하면 이 당시 사회에도 음양론에 의거한 성위계화가 엄격하게 적용되었기 때문이다. 동양사회에서 여성 섹슈얼리티에 관통되어 있는 권력관계를 보기 위해서는 이러한 법적인 제도보다는 성역할론을 지지해주는 토대로서의 음양론에 관심을 기울여야 한다.

그러나 한대의 여성 지위를 논할 때는 그의 존재를 규정하는 음의 상징체계가 중요하게 영향을 미치기는 하지만, 황실과 관련될 때는 예외적인 상황이 발생하게 된다. 즉, 황족과 연관될 때 여성의 지위는 아버지나 형제의 지위로부터 독립되며, 그녀의 지위가 친정가족의 지위를 좌우하기도 한다. 당시가 비록 엄격한 신분사회였다 할지라도 결혼으로 궁중에 들어간 여성의 가족에게는 신분상승이 가능하게 된다. 이때 여성은 사회적 이동과 권력이 가능하게 한 장본인이므로 그녀는 보통의 가족 내에서 누릴 수 없는 지위를 누리게 된다고 한다.21)

이처럼 한대유학은 음양론에 의거하여 성위계질서를 강조하였다. 하지만 국가와 가족이라는 관계에서 볼 때 국가는 항상 가족에게 절대적인 권한을 행사할 수 있었으므로, 사회 속에서 결혼이란 정치적인 역학관계에 따라 이루어지는 정략적인 측면이 강했다고 할 수 있다. 따라서 이러한 사회에서 재가가 크게 문제시될 수는 없었던 것이다. 하지만 가족을 상대적인 자율성을 지닌 조직으로 본 성리학에서는 음양론이라는 성역할을 덕성과 관련지어 의미를 부여하므로, 성역할론과 섹슈얼리티의 통제가 긴밀하게 결합되는 상이한 양상을 띠게 된다.

송명성리학과 성담론

일반적으로 중국에서 정절을 숭배한 시기는 16세기 중엽부터이고, 명대에 이르러 여성종속이 널리 퍼지게 되었다고 본다. 또한 이 시기에 상속법과 양자법의 제정으로 여자들을 차별화한 조세특권에 의해 지지되는 사회적 규칙들은 과부의 재혼을 막는 등 여성비하를 본격화하였다고 한다.[22] 이처럼 송나라 이전보다 그 이후인 명대에 여성예속현상이 더욱 심각하게 일어났다는 점에 주목한 베틴 버즈(Bettine Birge)는 여성지위 하락에 결정적인 역할을 한 사상가로 주희를 지목하는 것에 비판적이다. 주희가 비록 남성들은 공적 세계에서 활동한다고 하면서 남성과 여성 간의 역할의 차이를 강조하기는 하지만 여성들이 가족체계가 유지하려고 하는 좀더 높은 문화에 참여하지 않았다면 그녀들은 아마도 가정 내에서 자신의 중요한 역할을 수행할 수 없었을 것이다라고 하면서,[23] 중국사회에서 여성의 지위하락을 주희사상에서 찾으려는 시도들을 비판한다. 이는 송대의 사대부집 여성들에게는 당시 교양이라고 할 수 있는 지식을 습득할 수 있는 통로가 개방되어 있었으므로 이 당시는 여성비하의 풍조가 그렇게 강하게 대두되지 않았다는 의미이다.

그러나 필자는 여성예속현상과 성리학과의 연관성을 다른

맥락에서 보아야 한다고 생각한다. 즉, 이전시기에 비해서 주자학이 형성된 송대 혹은 그 이후인 명대에 여성예속현상이 더 심하였다고 하는 주장을 재고해 볼 필요가 있다. 과부의 재가금지조항이나 상속법, 양자법이 여성에게 불리했다는 것만으로 이 당시 여성예속현상의 유무를 설명할 수는 없다고 생각한다. 재가허용이 여성예속의 여부를 판단할 수 있는 척도는 될 수 없기 때문이다. 성리학 또는 성리학을 정립한 주희 때문에 여성지위하락이 가속화되었다는 것 역시 전도된 설명이다. 성리학은 단지 당시 사회에서 필요로 한 가족윤리에 근거하여 그 이론적 틀을 제시해 준 것이기 때문이다.

이러한 역사적인 사실에 근거하여 남송대의 주희사상에는 여성비하적인 경향이 미약하거나 없었고, 명대에 비로소 이러한 경향이 대두된 것이라고도 볼 수는 없다. 오히려 주자학이 사회의 주도적인 이념이 되는 원대 이후 사회구성원들의 의식에 미친 영향이라는 측면에서 접근해 본다면, 주자학은 명대 이후 행해진 여러 사회풍조를 양산할 수 있는 이념적 토대가 된 사상이라고 보는 것이 더 타당하다. 게다가 성리학적 질서에 의해서 다스려지던 유교문화권의 사회구성원들의 의식을 지배한 이념적인 측면에서 여성의 문제를 검토해 본다면 당연히 주자학에서 시작해야 할 것이다.

따라서 앞서 언급한 베틴 버즈의 주자학에 대한 주장은 일면적이다. 가정교육을 담당하는 여성, 즉 당시 사회에서 요구하는 여성상인 현모양처에게는 일정정도에서 문화적인 향유나 권위 내지는 인간적인 대우가 보장되었다는 것은 주자학적인 체계 속에서는 당연한 것이라 할 수 있다. 단지 현모양처의 범위를 넘어섰다고 판단되었을 때 가해지는 여성에 대한 비난 및 제재는 그 어느 시기보다 성리학적 지배이념에 의해 지배되던 사회에서 훨씬 가혹했다는 점을 함께 보아야 한다는 것이다.

그렇다면 수천 년간 지속되어 온 유학의 연속과 단절은 어떠한 척도로 설명될 수 있을까? 그것은 바로 사회윤리 제고의 측면과 가족을 바라보는 관점의 차이에서 찾을 수 있다.

송대 이후 성립, 전개되면서 동아시아권의 이념체계를 지배하게 되는 성리학에서는 성역할개념의 습득을 위한 장치를 덕성배양이라는 측면에서 좀더 엄밀하게 규정하면서, 성역할개념의 습득을 위한 장소로서 '가족'이라는 장을 강화시키고 있다. 이에 대해 왕산쥔[王善軍]은 송대 및 이후의 원명청시대에는 "국가제도에 의거한 족인 간의 결속력이 약화되었으므로, 종족에서는 여러 제도를 찾아서 족중(族衆)에 대한 결속을 강화하였으며, 그 중에서 가족법규는 바로 중요한 한 부분이 된다"[24]고 한다. 즉, 송대 이후 가족에 대한 강조는 역설적으로 가족 결속력이 이전에 비해 느슨해졌기 때문이라는 것이다. 따라서 이때 풍속에서는 일방적으로 남편이 부인을 내쫓는 것에 대하여 비난하는 풍조가 생겼으며, 자연스럽게 이혼을 꺼리게 되는 의식이 형성된다. 사마광(司馬光)의 다음 글에서 그 의미가 분명하게 드러난다.

부부는 의리로써 합해졌으니, 의리가 끊어진다면 헤어지는 것이다. 오늘날 사대부들 중 처를 내쫓는 경우, 많은 사람들이 그것을 비난하면서 할 짓이 못 된다고 여긴다. 그러므로 사대부들은 (헤어지는 것을) 어렵게 생각한다. 예에 의거하면 부인을 내쫓는 7가지 경우[七出]가 있다. 내쫓을 만한 이유에 의거하여 어떤 일이든 할 따름이다. 만약 처가 실제로 예를 범하여 내쫓았다면 의리에 맞는 것이다. 예전에 공씨는 삼대에 걸쳐 처를 내쫓았고, 나머지 현사들도 의로써 처를 내쫓은 사람들이 많았다. 어찌 행위에 어긋남이 있겠는가? 만일 집안에 포악한 처가 있는데 내쫓지 않는다면 집안의 도가 어느 때나 편안해지겠는가?[25]

이와 같이 당시 풍속에서 이혼을 꺼렸음에도 불구하고, 유학자들은 덕성의 배양이라는 측면에서 부인을 강력하게 통제하기 위하여 의리에 의거하여 부인을 내쫓는다면 도덕적으로 아무 문제가 없음을 역설하고 있다. 여기서 부인에게 요구되는 덕성은 절개를 지키는 것이며, 따라서 여성은 절개를 지키는 것을 생명보다 소중히 생각해야 한다고 주장하고 있다. 이로써 자연스럽게 재가에 대한 반대로 논의가 전개된다. 정이천(程伊川)은 다음과 같이 말한다.

問 – 과부는 이치상으로 취해서는 안 될 듯합니다. 어떻습니까?

答 - 그렇다. 무릇 취한다는 것은 이로써 자신에 짝하는 것이다. 만약 절개를 잃은 자를 취해서 자신의 짝으로 한다면, 이는 자신도 절개를 잃는 것이다.

問 - 혹 홀로되었는데 가난하여 의탁할 곳이 없는 사람의 경우는 재가해도 됩니까?

答 - 단지 후세에 얼어 죽거나 굶어죽는 것을 걱정하였기 때문에 이러한 설이 있는 것일 따름이다. 그러나 굶어죽는 일은 매우 작은 일이나, 절개를 잃는 것은 매우 큰일이다.[26]

이처럼 유학자들의 경우는 덕성배양이라는 측면에서 집안에서 가장이 하는 역할과 부인이 해야 할 역할을 강조하며, 덕성의 습득 및 덕성의 발현을 중시한다. 따라서 가정의 법도가 세워지지 않는 원인을 가장이 자신의 배양을 토대로 역할수행을 잘못하였기 때문이라고 하며, 부인에게는 부인의 덕으로 정절을 강조하게 된다. 따라서 성리학적 이념이 정착된 16세기 이후에는 정절이 매우 중요한 여성의 덕목으로 제기된다.

그리고 이와 같은 유교담론이 지배적인 사회에서 성장하고 자란 여성은 정절이데올로기에 의해서 자신의 섹슈얼리티를 통제하는 기제를 몸에 익히게 된다. 이는 여성정체성 규정의 핵심이 정절을 지키는 것에 있음을 강조하는 논의 속에 그대로 드러난다.

부인에게는 다른 일이 없다. 오직 정절과 믿음으로 절도를 삼을 뿐이다. 한번 바름을 잃게 되면 다른 것은 볼 것이 없게 된다. 남자가 미혹에 빠진다면 실로 잘못된 것이 없다는 것을 말한 것은 아니다.[27]

이는 『시전』에서 여자가 법도에 맞지 않게 남자와 교제하다가 결혼하고 결국은 남자를 떠나게 된다는 내용의 시 중 한 소절에 대한 주희의 해설이다. 이 해설에 대하여 정씨(鄭氏)는 "남자에게는 여러 가지 행위가 있으니 공과(功過)가 서로 상쇄될 수 있다. 그러나 부인은 오직 정절과 믿음으로 절도를 삼을 따름이다"[28]고 설명을 붙이고 있다. 이는 혈연중심의 가족결합을 더욱 단단하게 하려고 시도하는 성리학자들의 여성에 대한 관점을 매우 잘 보여주고 있다.

즉, 여성은 대를 이어주고, 가족을 일구어나가는 존재로 정의되므로 여성은 가족 안에서만 의미화된다. 따라서 여성은 정절을 잃을 경우, 다른 곳에서 만회할 기회가 없게 된다. 정절을 잃게 되는 순간 여성은 여성으로서의 자신의 존재를 부정하게 되고, 자신이 행위를 해나갈 행위영역을 상실하게 되므로, 사회 속에서 자신의 위치를 부여받지 못하게 된다. 반면 남자의 경우는 남녀 간의 신의가 여러 일들 중의 하나이므로, 남녀 간의 신의를 저버린 것에서 문제가 있더라도, 사회생활에서 만회할 기회가 있는 것을 나타내는 대목이다.

따라서 집안의 중심에서 강건하게 자리잡고 있어야 할 가장은 법도를 세워서 집안사람들에 대한 단속을 강화해야 함을 강조한다. 집안 단속에서 여성의 섹슈얼리티에 대한 통제는 매우 중요한 부분을 차지한다. 즉, 집안사람들은 모두 가장에 의해서 통제되어야만 자신의 역할을 할 수 있는 존재가 된다는 것을 의미한다.[29] 그렇다고 성리학적 이념 하에서 가장에게 성적인 자유를 부여했다는 의미는 아니다. 과도한 성적인 욕망에 대한 경계는 여성에게만 가해지는 것이 아니다. 그러나 성적인 욕망에 대한 통제이유나 방법에 있어서는 차이를 보인다. 여성에게 성적인 욕망에 대한 통제를 가하는 것에는 주로 가족을 유지하고 지켜나가야 한다는 기본적인 가정이 전제되어 있다. 반면 남자의 경우는 자신의 인격완성 내지는 건강과 연관되어 논의되면서, 성적인 욕망에 과도하게 탐닉하는 것을 경계하고 있을 따름이다.

이처럼 성역할론에 근거한 섹슈얼리티의 통제는 성리학자들이 집안을 다스리는 데 매우 중요한 요소가 된다. 그러나 일단 성역할을 잘 수행하여 현모양처상에 부합된 여성의 경우, 성리학적 사회질서에서는 그에 걸맞는 지위와 권위가 주어진다. 따라서 양가댁의 현모양처의 경우는 동시대 그 어떤 문화권에서도 누릴 수 없었던 존경과 권력을 지닐 수 있었다. 그러나 이것이 유교문화에서 여성의 지위문제를 다루는 데 관건이 되는 것은 아니다. 이러한 담론 속에 이미 가정 속에 여성을 위치지우는 권력관계가 가로질러 있기 때문이다. 정상적인 가정을 벗어난 여성, 즉 처첩이나 재가자 등의 여성에게 가해지는 가혹한 제재는 다른 한편으로는 현모양처론을 뒷받침하는 이념에 의해서 존재론적으로 정당화된다. 이것이 바로 유교문화에서 여성의 지위를 다루는 데 있어 역사시기에 등장하는 개별현상에 주목할 것이 아니라, 이념적 지표에 주목해야 하는 이유가 될 수 있다.

유교문화에서 성담론의 개념장치

오늘날 성담론에서 주요개념장치는 젠더와 섹슈얼리티이다. 이 두 개념이 널리 쓰이게 된 것은 페미니즘의 전개과정과 긴밀하게 연관되어 있다. 젠더의 경우는 사회문화적 성으로 성차에 대한 생물학적 결정론에 대한 반대를 함의하고 있으며, 섹슈얼리티는 성적인 욕망과 긴밀한 연관을 지닌 것으로 사회에서 용인받는 성행위와 비난받는 혹은 금기시되는 성행위의 경계에 대한 논의가 주를 이룬다. 이 두 가지 개념장치는 모두 개인적인 것으로 간주되던 성이 더 이상 은밀한 개인영역에 방치되는 것이 아니라, 사회·정치적 억압기제를 드러낸다는 것을 의미하며, 따라서 이 두 가지가 사회를 분석하는 개념장치로 기능하고 있음을 알 수 있다.

조안 스콧(Joan Scott)는 "젠더는 지각된 성차에 근거한 사회적 관계의 구성요소이며, 권력관계를 의미짓는 주요방식"30)이라고 하면서, 젠더라고 하는 개념은 그동안 역사를 분석하는 과정에서 가시화되지 않았던 여성의 역사나 가족, 결혼 등을 주요논의로 가시화시킨다는 데 그 의의가 있다고 강조한다. 섹슈얼리티 역시 푸코가 『성의 역사』에서 기술하고 있는 바와 같이, 역사적 문맥에 따라 어떤 성행위를 용인하는가 하는 문제 속에 권력의 개념이 관통되어 있다.

이처럼 서구문화 속에서 성이나 결혼, 가족문제 등이 공론화되어 사회를 분석하는 틀로 제기되는 과정은 현대에 들어서라고 할 수 있다. 서구에서는 19~20세기에 접어들면서 젠더나 섹슈얼리티 개념이 사회문화를 분석하는 데 주요개념으로 창안되고 유통되었다고 할 수 있다.

반면 동양의 유교문화에서 성이나 결혼, 가족문제는 가족윤리에 근간을 두고 있는 유교의 특성상 초창기부터 중요한 논의로 제기되었다. 따라서 유교문화 속에서의 성담론을 논의하는 과정에서 젠더와 섹슈얼리티에 상응하는 주요개념이 일찍이 사용되고 있음을 알 수 있다. 그것은 성적인 욕망과 음양개념을 정교하게 다루고 있는 것에서 읽을 수 있다.

성욕 – 섹슈얼리티

앞서도 언급하였듯이, 오늘날 성담론에서는 섹슈얼리티라

는 개념장치를 통해 역사전개과정에서 지지되고 있는 성에 대한 태도나 규범 내지는 사회문화제도를 분석하고, 그 안에 관통되어 있는 권력관계를 드러내고자 한다. 여기서 말하는 섹슈얼리티라는 개념은 인간이 가지고 있는 성적인 욕망 및 성행위 등을 포괄하고 있다. 따라서 유교문화에서 섹슈얼리티의 개념장치에 상응하는 개념은 성적인 욕망을 가리키는 성욕으로 볼 수 있다.

성욕이라는 표현은 『예기』 「악기」편에 "사람이 태어나 고요한 상태에 있는 것은 하늘의 본성이고, 사물에 감응하여 움직여 가는 것은 성의 욕망[性之欲]"[31]이라고 하는 데서 그 연원을 찾을 수 있다. 주희의 제자 중 한 사람인 진순은 여기서 말하는 성의 욕망은 정(情)[32]이라고 하였다. 따라서 고대문헌에서 성욕이라는 의미는 외부사물과 접촉하여 일어나는 마음의 움직임이라고 할 수 있는 욕망 일반을 지칭한다. 가와무라[川村邦光]에 따르면 오늘날처럼 성적인 욕망을 성욕이라는 말로 표현하기 시작한 것은 일본의 경우 『포단』이라는 소설이 쓰여졌던 1907년경이었다고 한다.[33] 따라서 고대문헌에서 성욕은 성적 욕망에 한정되지 않은 욕망 일반을 가리키는 포괄적인 개념이었다.

유교문헌에서 오늘날의 성욕과 관련된 표현을 찾아본다면, 오늘날 성과 관련하여 사용되고 있는 용어로 '색욕'에서의 색(色)과 성적인 문란함을 지칭하는 '음란(淫亂)하다'라는 말에서의 음(淫)이라는 표현을 들 수 있다. 그러나 유교문헌에서

색과 음이라는 용어는 그 적용방식이 상이하다. 색(色)이라는 용어는 그 자체로 평가적인 표현은 아니지만, 음(淫)이라는 용어는 이미 그 안에 가치나 규범이 내재되어 있는 평가적인 표현이다. 따라서 유교문화에서 성욕을 다룰 때는 이 '색'과 '음'이라는 용어의 사용용례 안에 이미 남성의 여성에 대한 태도를 읽을 수 있는 권력관계가 단적으로 드러나고 있다고 할 수 있다.

색욕 : 인간의 자연적인 성적 욕망과 그 긍정적 적용

먼저 색욕에서 사용되는 색(色)의 의미를 살펴보겠다. 색욕이라는 용어는 인간의 기본적인 욕망 중의 하나인 식욕과 항상 함께 언급된다. 즉, 음식남녀(飮食男女)라든지 식색(食色)이라고 하는 표현이 그것이다. 여기서 인간의 자연적 본성 중의 하나를 지칭하는 남녀에 대한 욕구 내지는 색에 대한 욕구가 바로 성욕이라고 할 수 있다. 이와 같은 욕구를 인간의 본능과 연결시키는 논의는 『맹자』에 소개된 고자의 글 속에서 볼 수 있다. 고자의 경우는 날 때부터 가지고 있는 것을 성[生之謂性]이라고 하며, 식색을 성[食色 性也]이라고 하였다. 이는 인간의 본성을 선이라고도 악이라고도 표현할 수 없는 자연스러운 욕망에 근거하여 규정한 것이다. 여기서 인간의 자연스런 욕망을 대변하는 것으로 식색을 들고 있는데, 이는 『예기』 「예운」편에서 예에 의하여 다스려야 할 대상인 인간의 기본적인 욕망으로 음식남녀를 들고 있는 데서도 나타난다. 여기에서는 음식남녀를 사람이면 누구나가 가장 절실히 욕구하는 것, 즉 사람들이 본능적으로 싫어하는 죽음이나 가난함, 고통에 대비되는 본능적인 욕구로 들고 있다.

　　음식남녀 속에 사람이 가장 하고 싶은 것이 있고, 사망빈고 속에 사람이 가장 싫어하는 것이 있다. 그러므로 하고 싶어 하고 싫어하는 것은 마음의 큰 단서가 된다. 사람이 그 마음을 담고 있는 것은 헤아릴 수 없으며 좋아하고 싫어하는 것이 모두 그 마음에 있는데 겉으로 드러나지 않는다. 한결같이 하여 그것을 궁구하고자 한다면 예를 버리고 무엇으로써 하겠는가?[34]

　이와 같이 인간의 가장 기본적인 욕망으로 음식남녀, 즉 식색(食色)을 든다. 여기서 성적인 욕망을 가리키는 부분은 남녀에 해당하는 부분, 즉 색(色)과 관련된 부분이다. 이처럼 성욕이라는 표현은 의미변화를 거쳤지만, 성적인 욕망을 지칭하는 표현으로 색욕은 오늘날에도 그대로 통용되고 있다. 그러나 『설문해자 說文解字』에 따르면, 색(色)의 본래적인 의미는 안기(顔氣)라고 하여 얼굴표정이라는 의미라고 한다. 이러한 색의 본래적인 의미가 이후에 여색이라는 의미로 통용되면서 경전에서는 대부분 여인을 색이라고 말하게 되었다.[35] 따라서 『논어』에서 "나는 덕을 좋아하기를 색을 좋아하는 것처럼 하는 사람을 보지 못했다"[36]고 하는 것이나, 『대학』에서 선을 좋아하는 것을 아름다운 여색을 좋아하고 악취를 싫어하는 것처럼 하는 경지를 성(誠)의 상태로 설명[37]하는 부분에서, 색을 좋아한다고 하는 색욕은 인간의 기본적인 욕망으로서 인정된다. 단지 그러한 욕망을 여색에만 쏟지 말고, 그 마음을 미루어서 덕을 행해나갈 수 있도록 장려하고 있다.

따라서 여기서 언급되는 색욕이란 남성의 여성에 대한 욕망에 한정되어 표현되고 있다. 다시 말하면 남성의 여성에 대한 성욕인 색욕은 그 자체로 부정되어야 할 욕구는 아니다. 단지 예로 마음을 통제하지 못할 경우 색욕이 잘못 표출될 수 있음을 경계할 따름이다. 특히 덕 있는 인간을 지향하는 유교에서는 인간의 마음을 선이라고 하든 악이라고 하든, 아니면 선도 악도 없다고 하든, 그 어떠한 경우에도 마음의 조절 내지는 마음의 배양을 강조하므로 인간의 기본적인 욕망으로 보고 있는 색욕은 부정되기보다는 예로 조절, 통제되어야 함을 강조한다. 그리고 도덕을 실천할 때의 절실한 마음을 인간의 기본적인 욕망의 발현양태인 색욕과 같이 해야 한다고 비유하여 설명하기도 한다.

음(淫) : 예에 어긋나는 욕망

반면 여성의 남성에 대한 욕망의 표출은 부정적인 의미의 성적인 욕망의 대표적인 것으로 이럴 경우 대부분 '음란'하다는 표현을 사용한다. 공영달은 "음(淫)이란 색욕이 과도한 것이고, 란(亂)이란 인륜을 거스르는 것"[38]이라고 정의한다. 따라서 고대문헌 중에 절제되어야 할 성적인 욕망과 관련해서는 음(淫)이란 표현이 많이 사용된다. 특히 공자가 정나라 음악이 음(淫)하다[39]고 한 것에 대하여 주희는 "성인이 정나라 음악은 음(淫)하다고 한 것은 아마도 정나라 사람의 시가 대부분 당시 풍속에서 남녀가 음분(淫奔)하는 것을 말한 것이므로 이러한 말이 있게 되었다"[40]고 한다. 여기서 음분이란 『사해 辭海』의 정의에 따르면, "예전에 남녀가 예교의 규정을 위반하고서 스스로 결합한 것으로 일반적으로 여자 쪽이 남자 쪽에 먼저 나아가는 것을 지칭한다."[41] 이는 『맹자』에서 남녀가 태어나서 결혼하여 집안을 꾸리는 것을 원하는 것은 모든 부모의 마음이지만, 부모의 명과 중매의 말이 오가지도 않았는데 서로 눈이 맞아서 집을 나가게 되면 부모와 사람들이 모두 천시한다고 하는 데서도 읽을 수 있는 부분이다.

이렇듯 인간의 자연적인 성적 욕망을 색욕으로 표현하고 있다면 남녀 간의 욕망이 예, 즉 사회적인 규준에 의하여 절제되거나 통제되지 못하였을 경우 이를 음란하다고 표현한다. 음란한 일이 벌어지게 되는 원인을 『예기』에서는 "천리를 멸하고 인욕만을 드러내었기 때문"이라고 한다. 이처럼 음란함이란 남녀가 결합하는 데 있어서 예에 부합하지 않는 경우를 지칭한다. 『예기』에서는 예를 정치의 근본이라고 하면서, "안으로는 종묘의 예를 다스려 천지의 신묘한 밝음에 짝할 수 있으며, 밖으로는 직언의 예를 다스려서 상하의 공경함을 세울 수 있어야 한다"고 하며, 혼례를 "천지가 합하지 않으면 만물이 생성되지 않으니, 위대한 혼인은 만세를 잇는 것이다"[42]고 하고 있다. 따라서 예는 가족윤리의 정립뿐 아니라 국가사회에 교화를 베푸는 데 관통되는 사회윤리 창출의 근원으로 자리매김된다.[43] 이는 유교에서 결혼이 중요한 문화적 의미를 담고 있으며, 윤리도덕이 창출되는 기초가 되는 것에 대한 징표라고 할 수 있다.

성리학의 확립과 정절 이데올로기의 등장

이후 예에 의하여 가족윤리를 구축하고 가족윤리에 토대를 둔 사회윤리의 확장을 엄밀하게 추구하면서 대두된 성리학적 이념 하에서는 『시경』이나 『좌전』에 실린 남녀 간의 자유로운 결합을 다루는 내용들에 대하여, 엄준한 비판을 내리고 있다. 이에 대하여 주희는 음란한 기풍이 있는 노래도 『시경』에 실었던 이유는 반면교육의 의미라고 설명하고 있다. 이러한 주희의 해석에 대해 반 훌릭은 "송왕조 초기 유교의 부흥이 남녀의 자유교제에 영향을 미치기 시작했고, 성관계는 유교경전에 기록되어 있는 수없이 많은 엄격한 규율들의 제한을 받기 시작"하였으며, "주희는 여자들의 열등함과 엄격한 양성분리를 강조했고 은밀한 부부의 침실 바깥에서 이루어지는 이성 간의 사랑의 표시들을 모두 금지시켰다. 그러한 완고한 태도는 『시경』의 연가들에 대한 그의 주석에 특히 잘 나타나 있는데 그는 그러한 연가들을 정치적 알레고리들로서 설명하고 있다. 주희는 유일한 공식 국가종교로서의 신유학의 기반을 다져놓았다"[44]고 평가한다.

이처럼 송대 이래 중국문화에서 엄격한 성통제를 위한 이념장치가 마련된 것은 성리학에 의해서이며, 성리학이 지배이념으로 자리잡게 되는 16세기 중엽부터 정절숭배가 나타났다. 따라서 여덕(女德)에 대한 숭상을 본격적으로 국가적인 차원에서 장려하면서 1607년 명나라 때『여계 女誡』『여논어 女論語』『내훈 內訓』『여범 女範』을 묶어서『여사서 女四書』로 간행하게 된다. 이러한 여덕의 강조와 정절숭배 이데올로기가 사회에서 여성을 통제하는 주요이데올로기로 자리잡게 되는 것은 성리학적 이념에 의한 사회통치와 긴밀한 연관이 있으며, 그 한가운데 당시 느슨해져가는 친족체계의 확고한 정립이라는 당위적인 문제가 놓여 있었던 것이다.

앤소니 기든스는 "섹슈얼리티는 신체와 자기정체성 그리고 사회규범이 일차적으로 연결되는 지점으로서 자아의 성형 가능한 일면으로 기능한다"고 하면서, "(푸코처럼) 자아가 특정한 테크놀로지에 의해 구성된다기보다는 자기정체성이 현대의 사회적 삶에서 특별히 문제가 되는 것임을 인식해야 한다"[45]고 한다. 그러나 특정한 사회문화 속에서 성장한 개인의 정체성 형성과정은 그 사회문화의 구속을 받을 수밖에 없다. 따라서 성리학적 이념에 의해 다스려진 사회에서 행해진 섹슈얼리티 구성방식 역시 그 사회에서 남성/여성의 성별정체성을 형성하는 데 매우 중요한 기능을 하게 된다고 할 수 있다.

특히 여성에게 한 남편만을 섬겨야 한다는 일부종사(一夫從

事)와 정절이데올로기가 가해지면서, 성리학적 이념 하에 다스려지던 사회에서 여성의 섹슈얼리티는 가족의 범위 내로 엄격히 제한되어 철저히 통제되며, 이를 상실하였을 경우 사회구성원으로서의 자격까지 상실하게 된다. 그리고 정절이데올로기가 극으로 치닫던 명대에서는 남편이 죽었을 때 따라 죽는 여성에 대한 찬사까지도 있었으며, 국가적인 차원에서 여성이 남편을 따라 죽는 것을 고무하기도 하였다. 따라서 여성의 섹슈얼리티 통제방식에서는 성적 욕망이 주된 주제가 아니고, 한 남자의 부인으로서 지켜야 하는 정절이데올로기에 의존해서 논의가 이루어진다. 이는 가족 내 존재로서의 여성정체성 형성에 매우 지대한 작용을 하게 되며, 여성 스스로도 가족을 떠나서 자신을 사유할 수 있는 여지가 없도록 만드는 요인이 되었다고 할 수 있다.

반면 남성에게서 섹슈얼리티의 통제는 여성에게서처럼 가족이라는 범위에 한정되어 논의되는 것이 아니라, 자신의 뜻을 펴게 되는 정치사회의 공간 속에서 자신의 능력을 펼치는 데 장애가 되지 않아야 한다는 맥락에서 제기된다. 따라서 남성들에게서는 어떻게 하면 성적인 욕망을 억제할 것이며, 어떠한 방식으로, 왜 억제해야 하는가 등에 대한 논의가 진지하게 이루어진다. 즉, 여성에게서 성적 욕망은 논의주제가 될 수 없는 이야기이지만, 남성에게는 다른 양상을 띠고 전개된다. 따라서 『논어』에서 나오는 "덕을 좋아하는 것을 아름다운 여색을 좋아하는 것처럼 하는 사람을 보지 못했다"라든가, 『중

41

용』에서 "아첨하는 자를 물리치고 아름다운 여색을 멀리하는 것은 현자를 권장하는 방법이다"고 하면서, 사회정치적 자아의 완성을 위해 성적 욕망을 제한하거나, 강렬하면서도 즉각적으로 일어나는 성적 욕망을 사회정치적 장에서 자기를 실현할 수 있는 에너지로 변환할 수 있도록 해야 한다고 강조한다.46)

또한 성적 욕망을 스스로 통제하지 못하고 과도하게 성관계를 맺는 것에 대하여 경계할 때 여성에게서처럼 도덕적인 잣대로 그 행위를 비판하기보다는 건강상의 이유로 조심해야 함을 강조한다. 주희의 제자인 진덕수는 『좌전』에서 병에 걸린 진공이 병의 원인을 알려고 의사를 수소문하다가 명의를 만나 병의 원인이 성관계 때문이라는 말을 듣고, 성관계는 맺으면 안 되는 것인가라고 질문하고 답하는 일화를 소개하면서, 과도한 성관계에서 나온 병에 대한 설명을 인용해 다음과 같이 평하고 있다.

무릇 음은 양에 뿌리를 두고 있으므로 여자는 양에 해당한다. 사람의 도는 밤에 하기 때문에 회시(晦時)라고 한다. 음란하면 안에서 열이 나고[內熱] 미혹에 빠져 썩어들어가는[惑蠱] 병이 생긴다. 양에 해당하기 때문에 내열이 나고 회시이기 때문에 혹고가 생긴다. 이는 음양의 부류로 말한 것이다. 요컨대 마음은 일신의 근본이며 모든 병의 근원이다. 색에 빠지면 마음이 황폐해지게 되니 어찌 병이 나지 않겠는가?[47)]

이처럼 성적인 욕망에 대한 억제나 조절을 강조하는 것은 결국 사회정치영역에서 공명정대한 면모를 발휘하고 건강하게 생활하기 위한 것이다. 따라서 성리학에서는 점차로 색욕과 마음의 존재적 층차를 엄밀하게 구분하여, 색욕을 인간의 자연스런 정이라고 하는 것을 부정하는 데까지 이른다. 따라서 성적 욕망이 인간에게서 본질적인 의미를 갖지 않음을 강조하며, 인간에게서 이러한 성적인 욕망이 어느 층차에 존재하는가 하는 논의가 벌어진다.

즉, 인간의 도덕성을 확보할 수 있는 전제로서 성선(性善)에 대한 논의가 정착된 성리학에서 욕망은 인간의 본성과의 연관 하에서 논의되지 않고, 기(氣) 특히 혈기(血氣)와 관련해서 논의된다. 주희는 "혈기란 형체가 기대어서 (이로써) 생성되는 것으로 혈은 음이고 기는 양이다"[48)]고 한다. 따라서 혈기는 기보다는 좀더 구체화된 것으로 음식남녀의 욕망은 혈기에서 나온다고 한다.

> 問 – 인심도심(人心道心)에서 음식남녀와 같은 욕망이 올바름에서 나온다면 도심일 것입니다. 어떻게 분별합니까?
> 答 – 이것은 반드시 혈기에서 나온다.[49)]

이는 주희가 음식남녀의 욕망과 도심은 동일한 차원에서

논의될 수 없음을 분명하게 지적한 부분이다. 그는 어디까지나 음식남녀의 욕망은 혈기에서 나오며, 혈기는 시간이 지나감에 따라 변화하기 때문에 혈기를 조절하는 것은 때에 따라 다른 형태로 나타난다고 말한다. 또 도덕적인 행위를 해야 하는 인간은 이치에 대한 파악을 통하여 혈기를 조절해야지 혈기에 의해서 부려지면 안 된다고 경계한다. 이밖에 혈기를 조절, 통제하는 데 있어서 감관의 기능을 조절하는 데 머물러서는 안 되며 항상 감관을 이끌 이치에 대한 파악을 중시한다. 이 감관을 이끌 이치로서 예의 중요성이 부각된다. 따라서 동일한 기의 발현이라 할지라도 도덕의식인 의에서 발현하는 기는 호연지기이며, 육신 중에서 나온 것은 혈기의 기라고 구분하고 있다. 이처럼 혈기는 도덕의식에 의해서 발현되어져야 하는 자기정체성 형성에 부정적인 영향을 끼치게 될 가능성이 많으므로 항상 도덕의식에 의해서 통제되어야 할 대상으로 인식된다.

이러한 과정을 거치면서 인간의 자연스런 욕망으로 간주되었던 성적인 욕망은 점차로 통제되고 억제되어야 할 것으로 간주되며, 여성에게든 남성에게든 성적인 욕망을 이야기하는 것은 부자연스러운 것 내지는 남성의 덕이나 여성의 덕에 결함이 있는 것으로 간주되는 풍토가 만들어졌다. 따라서 송대의 학자인 호굉(胡宏)은 다음과 같이 말한다.

부부의 도에서 사람들이 싫어하는 것은 과도한 욕망을

일삼는 것이다. 성인은 성적인 욕망을 편안하게 생각하였으니 보합을 의로 삼았기 때문이다. 서로 접할 때 예가 있음을 알고 서로 교제할 때 도가 있음을 아니, 오직 공경함으로써 지켜나가 잃지 않게 될 따름이다. 『논어』에서 즐거워하되 과도하게 빠지지 않는다고 한 것은 성명의 바름을 얻은 것이다.[50]

이 논의 속에서 성적인 욕망에 대한 당시 사람들과 도학자들의 생각을 읽을 수 있다. 처음 "부부의 도에서 사람들이 싫어하는 것은 과도한 욕망을 일삼는 것이다"는 부분에서는 당시 사람들이 성적인 욕망에 대해 부정적인 의식을 지니고 있었다는 것을 읽을 수 있다. 여기서 부부의 도란 성교를 의미하며, 성인이 보합을 의로 삼고 있다는 것은 자손을 이어나가는 측면에서 부부의 도를 언급한 것이다. 즉, 철저히 예에 의거하여 통제된 성적인 욕망을 통해 성명의 바름을 얻게 된다는 측면을 강조한 것이다. 따라서 남녀가 합하는 것을 음양이 조화를 이루듯이 할 것을 강조하면서 과도하게 성적인 욕망에 탐닉하는 것을 경계한다. 이처럼 예에 의거하여 남녀가 서로 합하는 것이 아니라 성적인 욕망에 따라서 서로 합하게 될 경우 남녀 모두 자신의 존재성을 상실하게 된다고 하면서 그는 다음과 같이 말한다.

남성과 여성의 사이에는 상하의 질서가 있고, 남편과 아내 사이에는 이끌고 따라가는 이치가 있으니, 이것이 언제 어디서나 타당한 이치이다. 만일 정욕에 따라서만 움직여 남자는 욕망에 이끌려서 자신의 강건함을 잃게 되고, 여자는 좋아하는 것에 빠져서 자신의 순종함을 잊게 된다면 흉하여 이로운 것이 없을 것이다.[51]

여기서 남자의 경우 성적인 욕망을 통제하지 못하였을 경우 자신의 존재원리인 강건함이 상실된다고 하며, 여자의 경우는 순종함을 잃게 된다고 하였다. 이는 음양개념을 가족 내의 질서 및 덕목의 근간으로 제시하고 있는 사고에서 파생되어 나온 것이다. 즉, 생물학적인 몸을 음양개념과 결부시킴으로써 집안에서 남자-양-강함-선을 상징하는 아버지는 필연적으로 법도를 세울 수 있는 존재로, 여자-음-유약-악을 상징하는 어머니는 이를 따라야 하는 존재로 의미확장을 하고 있다.

성리학적 이념에서는 남성의 성적 욕망을 다룰 때 여색에 대한 조절을 통해서 자신의 덕목을 국가-천하-전 우주적 영역으로 확장해 나가는 충서의 도를 강조하게 된다. 반면 여성에게서 성적 욕망의 문제를 다룰 때는 항상 자신의 몸에 대한 통제와 자신의 몸에 드러내야 할 덕목을 여덕으로 묘사하여 나타낸다. 따라서 여성은 자신의 덕을 표현하고 구현하는 장소가 항상 가족질서 내에 한정되며 가족을 넘어선 공간에서 자신의 덕을 표현할 수 있는 여지가 없게 된다.

따라서 남성이나 지배층의 사람들에게 성적인 욕망을 조절

해야 할 필요성을 언급하면서 가장 중요하게 제기하는 것은 과도한 성적인 욕망이 주변에 현자를 두지 못하게 만드는 원인이 된다는 것이다. 자신이 아름다운 여색을 좋아하듯이 백성도 그렇다는 것을 알고 제대로 정치를 하여 백성과 함께 즐거움을 누려야 한다는 전통적인 유교의 언급들은 남성에게 성적인 욕망에 탐닉하여 자기자신을 잊어서는 안 된다는 점을 강조하는 것이다.

반면 여성의 경우 성적 욕망을 즐기는 것은 자신이 따라야 할 존재로서 아버지나 남편에게 자신을 맡겨야 한다는 자신의 본분에 어긋나는 행위로 인식되면서 성적 욕망을 드러내서는 안 됨을 강조하는 방향으로 나아가게 된다. 따라서 성적 욕망을 표현하지 않는 여인을 요조숙녀의 상으로 제시한다. 따라서 "숙녀를 얻어서 군자의 배필로 삼는 것을 좋아하며, 현자를 등용하는 것을 걱정하니, 여색에 빠지지 않는다"[52]고 한다.

이렇듯 음양개념을 토대로 한 남성과 여성의 정체성 형성은 정치적 영역에서는 군자와 소인의 정체성 형성과정과 맥락을 같이한다. 즉, 내면에 형성되어 있는 도덕감을 확장시켜 나아가는 혈구(絜矩)의 도를 통한 국가사회의 도덕화 실현방식과 이를 가능하게 하는 우주적 원리에 대한 파악이 가능한 존재로서의 군자상은 남녀의 성별정체성 형성에서 남자의 정체성 형성을 의미하는 것이 된다. 따라서 군자의 모습 속에서 사회질서 창출의 원리가 나오게 되고, 소인의 경우는 여기서 나온 원리에 따라 효제충신의 덕목을 실천해 가는 인간으로 보는 이분된 인간형과 마찬가지로, 집안의 법도가 나오게 되는 원천으로서의 남성이 갖추어야 할 요건에 부합하려는 정체성 형성과, 그 법도와 한 치도 어긋남 없이 따라야 하는 여성의 존재가 그대로 대비되어 나타나고 있다고 할 수 있다.

음양 – 젠더

젠더는 성차에 부과된 이데올로기를 드러내는 데 유효한 개념장치이다. 사회문화적 성인 젠더는 여성다움과 남성다움 이라고 하는 것이 사회에서 부과된 특성에서 기인하며, 따라서 여성다움과 남성다움이라는 성정체성은 생물학적 성에 귀결될 수 없다고 본다. 이는 성역할 개념과 긴밀한 연관을 지닌다. 성역할이란 한 문화권에서 성별에 적합하다고 규정된 일련의 가치관과 특성을 습득하는 성전형화 과정을 통해 성별에 따라서 습득하게 되는 성적 특성, 태도, 선호경향, 행동들을 통칭하는 개념이다.[53] 페미니즘에서는 전통적인 성역할론은 사회적으로 형성된 고정관념이라고 하면서 성역할의 타파를 여성해방의 전제조건으로 간주하였었다. 그러나 사회문화적으로 만들어진 성인 젠더가 여성을 억압하는 단순한 고정관념 구조보다 더욱 복잡한 것으로 인식되면서, 성역할이라는 구조가 어떻게 발전하며 유지되어 왔는가를 질문하게 되었다.[54] 유교문화에서 성역할을 할당하는 주요개념 틀은 음양이다. 물론 음양은 성역할을 규정하는 데 국한된 것이 아니고, 모든 사회구성원들에게 자신이 처한 자리에 따른 역할을 부과하는 포괄적인 개념장치라 할 수 있다. 따라서 자연에서의 하늘과 땅, 가정에서의 여성과 남성, 국가에서의 임금과 신하라고 하는 지위에 따른 역할은 음양의 상징체계에 따라 부과된다. 이중 성역할은 주로 가정을 둘러싸고 이루어진다. 가정은 그 형성자체가 여성과 남성의 만남에 의해서 이루어지므로 가정윤리의 기원은 이와 같은 음양에 기반한 성역할론에 두어진다.

김혜숙 교수는 음양개념의 층차를 분류하면서 생물학적 본질로서의 음양과 문화적 은유로서의 음양을 제시하며, "여성이 음인 한 여성은 음과 연결된 모든 상징들로부터 자유로울 수 없다"[55]고 한다. 이는 음양에 부과된 상징체계들에 의해 음양으로 불리워지는 여자와 남자에게 사회 속에서의 역할을 고정시키고 있다는 의미이다. 그리고 음양의 역할개념은 사회 속에서의 여자와 남자에게 각기 자신에게 부과된 역할의 내면화과정을 부각시키게 되며, 몸닦기 과정에서 중요하게 제기된다. 이러한 특성으로 인해 음과 양으로 표현되는 여자/남자에 대한 규정들은 사회 속에서 여성이 마땅히 해야 할 역할과 남성이 마땅히 해야 할 역할로 규정된다. 그리고 이것에 의해서 몸닦음의 내연과 외포가 결정된다. 따라서 도덕주체로 서고자 하는 인간에게 부과된 몸닦음의 내용이나 방향은 태어나면서 결정되는 성차에 의해서 각각의 역할이 부과되어 몸닦기 과정에서 상이한 방향성을 제시한다. 그리고 이는 유교 가족윤리가 형성되는 든든한 토대로 자리잡게 된다.

서구에서 가정이란 의미의 'family'란 말은 하인이라는 뜻의 라틴어 'famulus'에서 유래한다. 이 어원에 따라 케이시 밀러(Casey Miller)와 케이트 스위프트(Kate Swift)는 『언어와 여성 *Words and Women*』에서 전통적인 가정이란 여성과 아이 그리고 하인이라는 가족구성원이 가장인 남성의 소유물로 간주되는 것을 의미하였다고 한다.56) 그러나 앞서도 언급하였듯이 유교문화에서 가정은 지도자가 갖추어야 할 가장 핵심적인 덕의 실현 장소이며, 자신의 몸닦음이 드러나는 장으로 제기되므로 가정과 관련한 담론이 초기부터 매우 강조되었다. 그리고 그 성역할을 근거짓는 토대가 바로 음양이라는 준거 틀이라고 할 수 있다.

그러면 결혼, 연애, 가법 등의 논의 속에 음양이라는 준거 틀에 따른 성역할이 어떠한 방식으로 투영되어 나타나는지 『주역』의 몇몇 괘를 중심으로 살펴보고자 한다. 애초에는 불확실한 미래에 어떻게 행동하는 것이 자신한테 이익이 되는 행동인가를 알려주는 점서로 자리잡았던 『주역』은 이후 행동방향을 결정하는 판단의 근거들을 좀 더 상세하게 설명하는 과정에서 점차 철학서로서 자리잡게 된다. 그리고 이러한 위상의 변화에 따라서 『주역』은 후대 철학사상의 근저에 뿌리깊게 자리잡게 되었다. 『주역』 경문에 대한 해석 중 각 괘마다 그 문구에 대한 설명을 붙인 것으로 「단전 彖傳」과 「상전 象傳」이 있다. 「단전」은 괘에 대한 전체적인 판단을 설명한 부분이고, 「상전」은 괘가 상징하고 있는 상징부호를 설명하는 것을 토대로 괘를 설명한 것이라 할 수 있다. 따라서 본 절에서 각 괘의 의미를 설명할 때는 주로 「단전」과 「상전」을 토대로 이에 대한 정이천과 주희의 설명을 참조하면서 다루어보겠다. 그러면 각 괘의 의미를 설명해보도록 하겠다.

연애와 결혼에 나타난 성역할론

정이천은 『역전』에서 『주역』 64괘 중에서 남녀가 서로 결합하는 뜻을 담고 있는 괘로 함괘(咸卦), 항괘(恒卦), 점괘(漸卦), 귀매괘(歸妹卦) 이 네 괘를 들고 있다. 이 중 함괘와 항괘는 부부의 도를 말했고, 점괘와 귀매괘는 여자가 결혼하는 뜻을 담고 있다고 하였다. 따라서 우리는 이 네 괘를 통해서 유교문화에서 바라보는 남녀 간의 연애관과 결혼관 및 이 연애관과 결혼관에 드리워진 유교의 남녀에 대한 역할론을 읽어볼 수 있을 것이다.

함괘 / 항괘

주희는 『주역』에서 64괘의 배열순서를 논하면서 64괘를 상편과 하편으로 나눈 이유에 대한 설명을 할 때, 상편 제일 처음에 건(乾), 곤(坤) 두 괘가 나오는 이유는 이 둘이 천지의 도로서 음양의 근본이기 때문이며 감(坎), 리(離) 두 괘는 음양의 성질을 이루는 것이므로 상편의 마지막에 배열되며, 함괘(咸卦)와 항괘(恒卦)는 부부의 도이며 생육의 근본이므로 하편의 제일처음에 배열되고, 미제괘(未濟卦)와 기제괘(旣濟卦)는 음양의 성질을 이루는 감, 리 두 괘가 합하여지고 서로 교류하여 사물을 생성하므로 음양이 공을 이룬 괘이니 하편의 마지막에 두었다고 하였다.[57] 이처럼 『주역』에서 함괘와 항괘는 남녀가 만나 서로 결합하는 도를 읽을 수 있는 괘로 볼 수 있다.

함괘는 음양이 서로 감응하여 서로 마음을 주는 시기로 남녀가 서로 만나 배필을 얻게 되는 괘이며, 항괘는 괘 이름에서도 알 수 있듯이 남녀가 서로 만나 배필이 되어 검은머리가 파뿌리가 되도록 영원토록 가정을 유지해가는 괘로서 결혼한 이후의 괘라고 할 수 있다. 따라서 『주역』에서는 함괘와 항괘 속에 남녀 간의 사랑과 결혼에 대한 이상이 음양론의 토대 하에 규정되고 있다.

함괘(兌(☱)上 艮(☶)下)와 항괘(震(☳)上 巽(☴)下)는 남녀 관계에서 그 위치가 상반된다. 즉, 함괘의 경우는 젊은 남자[艮]가 젊은 여자[兌] 밑에 있는 형상이므로 남자가 여자에게 굽히는 의미를 가지고 있고, 항괘는 양존음비와 같이 남존여비에 근거하여 나이 든 남자[震]가 나이 든 여자[巽]의 위에 군림하는 형상이다. 함괘의 경문은 "함괘는 형통하다. 올곧아서 이로우니 부인으로 맞아들이면 길하다[咸亨 利貞 取女吉]"이다. 이 괘의 의미를 설명해 준 「단전」에서는 다음과 같이 말한다. "유약한 것이 위에 위치하고 강한 것이 아래에 위치하여 두 기가 감응해서 함께 참여하니 적절한 선에 머물러서 기뻐하며 남자가 여자에게 굽히므로 이로써 형통하다. 올곧아서 이로우니 부인으로 맞아들이면 길하다”

이를 해석하면서 주자학자들은 함괘에서 젊은 남자가 젊은 여자에게 굽히는 것은 결혼하기 이전의 잠깐의 시기로서 남녀가 서로 교감할 때는 남자가 굽히지 않은 상태에서 여자가 남자에게 응해주면 정숙하지 못하다고 본다. 이는 정숙한 여자란 음의 특성에 맞게 수동적으로 남자의 뜻을 받아들이는 입장이고, 남자는 자신을 굽혀서라도 적극적으로 사람을 맞아들인다는 의미. 이러한 입장은 유교문화에서 혼례식을 거행할 때나 프러포즈를 할 때 남자가 항상 여자에게 먼저 가서 청혼을 해야 혼례가 성립하게 되는 것이나, 여러 혼례절차상에서 남자가 여자에게 먼저 굽히는 방식으로 치러지는 것의 근원이 된다.

반면 남존여비를 근간으로 한 항괘를 설명할 때는 연애시기의 일시적인 순간인 함괘와 달리 음양의 일반적인 원칙에 의거하므로 남자는 항상 여자보다 높은 위치에 있고, 여자가 남자의 밑에 있는 것이 일반적인 통념이므로 결혼한 이후에는 남존여비의 관계를 유지할 때만이 부부관계가 영구적으로 유지될 수 있다고 본다. 항괘의 경문은 “항괘는 형통하여 유감이 없다. 올곧아서 이로우니 앞으로 나아감이 있어도 이롭다[恒亨 無咎 利貞 利有攸往]”고 한다. 이 괘를 설명한 「단전」에서는 다음과 같이 말한다. “강한 것이 위에 있고 유약한 것이 아래에 있다. 우레와 바람이 서로 함께 하여 순종하여 움직이니 강함과 유약함이 모두 응하여 항구적이다.”

먼저 함괘의 경우, 「상전」에 의하면 "산 위에 연못이 있는 형상이 함괘이니, 군자는 자신을 비움으로써 다른 사람을 받아들인다"[58]고 하고 있다. 따라서 함괘에 대한 전반적인 판단을 하는 「단전」에서는 다음과 같이 말한다.

함은 감응함이다. 유순한 것이 위에 있고, 강건한 것이 아래에 있어, 두 기운이 감응하여 서로 함께한다. 멈춰서서 좋아하며 남자가 여자에게 굽히니, 이로써 형통하며 올곧으면 이로우니 여자를 취하면 길한 것이다. 천지가 감응하여 만물이 생성되며, 성인이 사람의 마음을 감화시켜 천하가 화평하게 된다. 감하게 되는 것을 관찰하면 천지만물의 실정을 볼 수 있을 것이다.[59]

이는 함괘의 경우 괘상에서 음양의 일반적인 원칙과는 달리 유순함의 상징인 음이 위에 위치하여 있고, 강건함의 상징인 양이 아래에 위치하고 있지만, 형통하다고 한 이유는 서로 감응하여 다른 사람을 받아들이는 시기에 군자는 자신을 비운다고 하여 자신을 굽혀서 여자를 받아들인다는 의미이다. 특히 이 시기는 젊은 남녀 간의 이야기이므로 결국 결혼할 때의 모습을 나타낸 것이다.

반면 항괘의 경우는 「상전」에 "우레와 바람이 항괘의 형상이다. 군자는 이로써 서서 장소를 바꾸지 않는다"[60]고 한다. 여기서 우레는 나이든 남자를 상징하고 바람은 나이든 여자를 상징한다. 따라서 이미 결혼하여 가정을 꾸릴 때임을 의미한다고 할 수 있다. 이때 남자는 양으로서의 강건함을 드러내며 집안을 이끌어가야 함을 말하고 있다. 따라서 「단전」에서는 항괘의 명칭과 관련하여 그 의미를 설명하며 다음과 같이 말한다.

> 항은 오래 지속됨이니, 강건한 것이 위에 있고 유순한 것이 아래에 있으며, 우레와 바람이 서로 함께 있고, 순조롭게 움직여 가니 강건한 것과 유순한 것이 모두 응함이 항괘이다. "항괘는 형통하니 허물이 없을 것이다. 올곧으면 이롭다"고 한 것은 그 도가 지속됨이다. 천지의 도는 항구하여 그침이 없다. "일을 도모하는 바가 있으면 이롭다"고 한 것은 마침이 있으면 시작이 있으니 일월은 천을 얻어서 영구히 비출 수 있고 사시는 변화하여 오래도록 이룰 수 있다. 성인은 그 도를 지속하여 천하가 이루어지니 항구적인 것을 관찰하면 천지만물의 실정을 볼 수 있을 것이다.[61]

이렇듯 함괘와 항괘의 「단전」에서 공통적으로 나타나는 것은 인간사에서 남녀 간의 만남과 결합에 해당하는 함괘와 항괘를 설명하면서 인간사의 도리를 언급하고, 이를 통하여 천지의 이치 및 천하를 다스리는 도를 설명하고 있다는 것이다. 이는 유교문화에서 가정에서의 남녀의 역할은 천지자연의 역할 및 천하를 다스리는 정치적인 법도와 연관을 맺으며 음양의 원리에 의하여 뒷받침되고 있다는 것을 나타낸다.

점괘 / 귀매괘

앞서 함괘와 항괘가 여자와 남자가 만나서 서로 감응하여 결혼하는 괘로 부부의 도를 나타낸 것이라면, 점괘(巽(☴)上 艮(☶)下)와 귀매괘(震(☳)上 兌(☱)下)는 여자가 남자에게 시집 가는 것을 말한다. 특히 한문경전에서 여자가 남자에게 시집 가는 것을 歸(귀)라는 단어로 표현하는데 유교문화 속에서 여 자의 정체성 형성에 결혼이 매우 중요한 위치를 차지하고 있 음을 알 수 있다. 한자 귀(歸)는 원래 돌아간다는 의미를 지니 고 있는데, 이것이 여자가 시집간다는 의미로 사용된 배경은 여자가 태어난 집은 임시로 머무는 곳인 반면 성장하여 시집 을 가면 그 시댁이 여자의 본래 집이 되기 때문이다. 이는 고 대 종법제 하의 여성을 이해할 때 결혼이 매우 중요한 의미를 지니며, 결혼을 빼고는 여성 정체성 형성의 장이 마련되어 있 지 않다는 것의 방증으로도 볼 수 있다.

그런데 여자가 남자에게 시집가는 괘로 나오는 점괘와 귀 매괘를 보면, 점괘의 경우는 경문에 "점괘는 여자가 시집가는 것이 길하니, 올곧으면 이롭다[漸女歸吉, 利貞]"고 한 반면, 귀 매괘는 경문에 "귀매괘는 앞으로 나아가면 흉하니 이로울 것 이 없다[歸妹征凶, 无攸利]"라고 한다. 두 괘는 모두가 여자가 시집가는 것을 나타내는데 점괘의 경우는 길하다고 나오고, 귀매괘는 흉하다고 하고 있다. 그러면 각 괘에 대한 전체적인 해석에서 어떻게 길흉이 갈리게 되는가를 살펴보겠다.

먼저 점괘는 산[艮] 위에 나무[巽]가 있는 형상으로, 점진적으로 나아간다는 의미를 지니고 있다. 산 위에 있는 나무는 높은 산보다도 더 높은 자리에 위치하고 있지만, 나무가 높이 있을 수 있는 이유는 산의 도움에 의지했기 때문이다. 따라서 여기에는 높은 성취를 이루려면 점차적으로 행해 나아가야 한다는 의미가 내재되어 있다. 특히나 인륜지대사의 하나인 혼사란 급하게 움직여 나아가서는 안 되고 점진적으로 나아가야 하므로, 점진적으로 나아가는 점괘는 여자가 시집가면 길하다고 하였다.

이렇듯 점진적으로 순서에 따라서 일을 행해 나아가야 하는 것은 여자가 시집가는 것에만 해당되는 일이 아니라, 신하가 조정에 나아갈 때도 그러하며, 사람들이 일을 도모할 때도 역시 마찬가지다. 그러나 『역경』에서 그 대표적인 예로 여자가 시집가는 일을 들고 있는 이유는 남녀 간의 일이 모든 일의 선결이 되기 때문이라고 정이천은 지적한다. 따라서 경문에서는 여자가 시집가는 일로 점괘의 길함을 표현하였지만, 「상전」에서는 "산 위에 나무가 있음이 점괘이다. 군자는 이로써 현명한 덕에 의거하여 풍속을 선하게 한다[象曰山上有木, 漸. 君子以居賢德善俗]"고 하고 있다. 특히 괘를 판단하는 「단전」에서는 점진적으로 나아갈 때 음양이 모두 자신이 있어야 할 마땅한 자리에 있으므로 향해 나아가는 것이 공효가 있다고 한다. 이는 점차적으로 일이 진행되어 가는 두 번째효[六

二], 세 번째효[九三], 네 번째효[六四], 다섯 번째효[九五]가 모두 자신이 있어야 할 합당한 자리에 있음[正位]을 의미한다.

다음으로 귀매괘의 경우 먼저 그 괘의 명칭을 해석해 본다면, 귀(歸)는 앞서도 언급하였듯이 여자가 시집가는 것을 의미하고, 매(妹)는 여동생의 의미인데 여기서는 어린 여자를 통칭한다. 이는 괘의 구성에서 아래에 있는 괘인 태괘가 어린 여자를 상징하고 있는 데서도 알 수 있다. 따라서 괘의 명칭은 어린 여자가 시집가는 것을 의미한다. 그런데 왜 경문에서는 이때 흉하고 이로운 바가 없다고 하였는가? 이는 여자가 좋아하여 움직여 나아갔기 때문이라고 한다. 즉, 어린 여자[兌卦]가 좋아하여[兌卦], 이로써 나이든 남자[震卦]를 따라가니, 이는 좋아하여[兌卦] 동요된 것[震]으로 올바르지 않다고 한다. 이에 대하여 정이천은 다음과 같이 설명하고 있다.

> 남녀 간에는 질서가 있고, 부부간에는 이끌어가고 따라가는 예가 있다. 이것이 항상된 이치이다. 항괘의 경우가 이와 같다. 만일 인지상정의 도를 따르지 않고, 정욕에 따라서 좋아하기만 한다고 하여 이에 움직여 나아간다면, 부부간의 질서가 어지럽혀질 것이다. 남자는 욕망에 이끌려 자신의 강건함을 잃을 것이요, 여자는 좋아함에 빠져서 자신이 순종해야 함을 잊게 될 것이니 귀매괘에서 유약한 것이 강건함을 타고 있는 경우가 이에 해당한다.……음양의 배합과 남녀 간의 사귐은 항상된 이치이다. 그러나 욕망에 따라서 방탕하게

되어 의리에 따르지 않는다면 음란하고 사악함이 이르지 않는 곳이 없을 것이다. 몸을 상하고 덕을 잃음이 어찌 사람의 이치이겠는가? 이것이 귀매괘가 흉한 이유이다.[62]

이처럼 점괘를 길한 괘로 보는 것과 대조적으로 귀매괘를 흉한 괘로 본 이유는 여자가 자신의 감정에 의해 남자를 따라가 결혼하게 된 것이기 때문이다. 유교문화에서는 남녀 간의 관계에서 여자가 주도적으로 자신의 감정을 표현하는 것을 본분에 어긋나는 일로 보았고, 이러한 예에 어긋난 남녀 간의 만남을 음란함의 징표로 보고 있다는 것을 귀매괘에 대한 평가를 통해서 다시 한번 읽을 수 있다.

지금까지 살펴본 것처럼, 결혼과 가정을 꾸리는 과정에서 강건함의 양의 역할과 유순함의 음의 역할을 큰 테두리에서 설명한 것이 함괘와 항괘, 점괘와 귀매괘라고 한다면, 집안을 다스리는 법도를 중심으로 설명하고 있는 것으로는 고괘와 가인괘가 있다.

가법에 나타난 성역할론

가부장사회 또는 유교윤리에 의해서 다스려지는 가정의 법도를 다룰 때 중요한 두 가지 축은 부모와 자식 간의 관계와 부부간의 관계라고 할 수 있다. 먼저 고괘의 경우는 부모와 자식 간의 관계를 주로 다루었고, 가인괘는 괘이름에서도 알 수 있듯이 집안을 다스리는 도에 대한 전반적인 윤곽을 다루고 있다.

고괘

　주희는 고괘(艮(☶)上 巽(☴)下)의 괘의 명칭인 고(蠱)의 의미는 이전사람이 이미 훼손시킨 단서라고 한다. 따라서 고괘의 각각의 효는 모두 부모님을 나타내는 것으로 본다. 이는 부모님이 훼손시킨 일을 자식이 주관하여 처리하는 것을 의미한다. 따라서 고괘에 대한 해석을 통해서 유교문화권에서 자식을 통해서 부모들이 자신을 성취해나간다고 하는 생각의 단초를 읽을 수 있을 것이다.

　고괘는 "산[艮卦] 아래 바람[巽卦]이 있는 형상으로, 바람이 산을 만나서 돌아가게 되면 사물이 모두 산란해진다. 그러므로 일이 있는 형상이다"[63]고 한다. 그리고 「상전」에서는 이러한 해석 뒤에 군자는 이로써 백성을 구휼하고 덕을 쌓는다고 하여 위기의 순간에 군자의 처신을 제기하고 있다.

　반면 각 효에서는 이를 모두 부모의 일을 자식이 이어받아서 해결하는 것으로 설명하고 있다. 이 과정에서 부모와 자식, 특히 어머니와 아들 간의 관계를 읽을 수 있게 된다. 이는 유교문화의 정상적인 가정 속에서 어머니의 위치를 읽을 수 있는 하나의 단초가 될 수 있다.

　음양의 논리에 따른다면 양은 강건하고, 음은 유순하여, 유순한 음이 항상 강건함에 복종하고 따라야 한다. 따라서 『주역』에서 길흉을 판단할 때 중요한 잣대는 음이 자신이 마땅히 있어야 할 음의 자리에 있고, 양이 마땅히 있어야 할 양의 자리에 있는 것이다. 이를 바름[正]의 척도로 삼는다. 그래서 아주 특별한 경우를 제외하고는 그것들이 올바른 자리에 있지 않을 때 항상 경계의 말이 나오게 된다.

그런데 이 관계가 역전될 경우가 있으니 바로 어머니와 아들의 관계에서이다. 이를 정이천은 유약한 군주가 강건한 신하를 만났을 경우에 비유한다. 아무리 강건한 신하일지라도 임금에게 윽박지르면서 강권하면 안 되듯이, 아들 역시 어머니에게 이렇게 행동해야 한다는 것이다. 이는 고괘 구이효(九二爻)에서 "어머니의 일을 관장하니, 엄격하게 해서는 안 된다[幹母之蠱, 不可貞]"고 하는 부분에 대한 정이천의 설명에서 잘 읽을 수 있다.

무릇 자식이 어머니에 대해서는 마땅히 유순함으로써 잘 이끌어 나아가 의로움에 맞도록 해야 하니, 불순하게 어머니의 잘못된 일을 처리한다면 자식의 죄이다.……유약한 임금에게 정성을 다하여서 중도에 이르게 하면 된다.[64]

이렇듯 유교문화의 가족 내에서 아들을 가진 여성의 경우는 가족구성원으로서 적극적으로 자신의 위치를 주장할 수 있고, 원리상으로도 그 존재의 정당성을 강조하고 있다. 따라서 어머니는 음 중에서 높은 지위에 있는 사람을 지칭한다고 한다. 이는 특히 여자의 덕성을 강조한 송대 이후 성리학적 질서

체계에서, 가족 내에서 여자의 덕을 온전히 구현한, 내지는 어머니의 이름으로 살아가고 있는 여성에 대하여 그에 상응하는 여러 예제를 형성하게 되는 동인이 된 것이라고도 볼 수 있다.

어머니가 돌아가셨을 때 상복에 대한 규정강화라든지, 과부로서 재가하지 않을 경우 재산을 물려받는 등[65]의 경우는 바로 유교적인 의미의 이상적인 가족상에서 어머니에 대한 존재의 중요성이 예제나 법으로 규정된 것으로 볼 수 있다. 그러나 유교문화 속에서 여성의 지위를 보고자 한다면, 이러한 유교의 테두리 속에서 존재하는 여성의 모습만을 보는 것으로는 부족하다. 오히려 그 경계선상에 있는 여성 내지는 그 경계를 이탈한 여성들을 어떠한 시각으로 보고 있는지도 함께 다루어야 한다.

이를 종합적으로 살펴보기 위해서는 예제시행의 구체적인 사례를 통해서보다는 유교에서 음(陰)의 존재에 대한 보편적인 규정이 어떻게 이루어지고 있으며, 이것이 어떠한 형식의 예법으로 발현되었나를 살펴보아야 한다고 생각한다. 이것을 가인괘의 음양역할론에 따른 가법의 정립을 통해서 이를 살펴보자.

가인괘

가인괘는 유교의 이상이라고 할 수 있는 수신제가치국평천하의 원리를 읽을 수 있는 괘이다. 따라서 가인괘(巽(☴)上 離(☲)下)의 「단전」에서는 다음과 같이 말한다.

가인괘에서 여자는 안에서 자리를 바로하고 있고, 남자는 밖에서 자리를 바로하고 있음이니, 남녀가 바른 것이 천지의 큰 뜻이다. 가인괘에 엄한 군자가 있으니 부모를 말한다. 아버지가 아버지답고, 자식이 자식다우며, 형이 형답고, 아우가 아우다우며, 남편이 남편답고, 부인이 부인다우니, 집안의 도가 바르다. 집안을 바로하면 천하가 올바르게 된다.[66]

이처럼 여자와 남자의 자리를 내외로 엄격하게 분리하면서 집 안의 일은 여자가 처리하고, 남자는 집 밖의 세계에서 자신의 일을 해야 한다는 것이 여기서 말하는 남편이 남편답고 부인이 부인다움의 내용이라고 할 수 있다. 이 중에서 가인괘의 경우 부인이 부인다움의 중요성을 강조하고 있으니 따라서 경문에 "가인괘는 여자가 올곧으면 이롭다[家人, 利女貞]"고 하고 있다. 이에 대하여 정이천은 남편이 남편답고 부인이 부인다우면 집안의 도가 바르게 되는데, 여기서 여자가 바르면 이롭다고 한 것만을 든 이유는 집안에서 여자가 바른 것을 통하여 결국 남자의 바름을 읽을 수 있기 때문이라고 해석한다.[67] 즉, 집안에서 가장이 가장으로서 자신의 역할을 바로 한다면 집안의 여자는 당연히 바르게 된다는 것이다. 따라서 수신제가치국평천하란 바로 가장이 수신을 잘하여 그에 따라 집안이 가지런하게 된다는 것의 한 표현이라고 할 수 있다.

이처럼 일반적으로 몸닦기에서 강조하는 '몸의 바름' 속에 여자는 포함되어 있지 않으며, 여자가 바르다는 것은 결국 남자의 몸닦기의 결과로서 드러난 것이므로, 여자가 바르면 그 집안이 바르다는 것을 나타냈다고 한다.

이러한 양강과 음유의 존재론적인 속성은 집안의 도를 세우는 과정에서는 아버지의 역할과 어머니의 역할을 규정하는 직접적인 근거가 된다. 강유선악의 잣대로 보았을 때 양인 남자는 강하고 음인 여자는 유약하다고 보아서, 강한 남자에게는 선에의 지향을 강조하고, 유약한 여자는 악함에 빠지기 쉽다고 설명한다. 따라서 집안의 도를 세우기 위해서는 강함을 속성으로 하는 남자는 집안의 법도를 세워야 하는 존재로, 그리고 유약한 여자는 남자에게 순종하여야 하는 존재로 정당화된다. 따라서 정이천은 가인괘(家人卦)를 다음과 같이 설명한다.

사람이 집안을 다스리는 것은 골육부자간에 있다. 대개 정으로 예를 이기고 은혜로 의를 빼앗긴다. 오직 강하게 서 있는 사람만이 능히 사사로운 사랑으로 그 올바른 이치를 잃지 않을 수 있다. 그러므로 가인괘의 큰 요체는 강한 것을 선으로 삼는다. 초효와 3효 상효가 이것이다. 육이효는 음유한 자질로서 유한 곳에 머무니 집안을 다스릴 수 없다. 그러므로 이루는 것이 없고 행하는 것이 없어도 괜찮다. 무릇 영웅의 자질로도 오히려 정애에 빠지면 스스로 지킬 수 없는데 하물며 유약한 사람이 어찌 처자의 정을 이길 수 있겠는가! 두 번째 효의 자질은 부인의 도라면 바르다. 유순하게

중정에 머무니 부인의 도다.68)

결국 이러한 설명에서 전제되어 있는 것은 생물학적인 몸을 음양개념과 결부시킴으로써 집안에서 남자→양→강함→선을 상징하는 아버지는 필연적으로 법도를 세울 수 있는 존재로, 여자→음→유약→악을 상징하는 어머니는 이를 따라야 하는 존재로 보는 것이다.

이처럼 한 사회 속에서 부과된 인간의 역할을 그 존재론적인 속성을 통해서 설명하고자 한 주자학에서 먼저 주목하고 있는 것은 바로 강건함의 상징으로서의 양(陽)과 유약함의 상징으로서의 음(陰)의 존재이다. 이로부터 음의 역할과 양의 역할을 제기하여 그 덕목 및 기능을 도출해내고 있다. 그리고 이 중에서 인간이 마땅히 취해야 할 덕목으로서 양의 특성인 강건함이 중요하게 제기되며, 이 강건함을 갖춘 존재라야 도덕 주체로 설 수 있음을 분명히 하고 있다. 이러한 의미에서 주희는 다음과 같이 말한다.

나는 사람은 역시 강건해야 한다고 생각한다. 비록 이러하면 편파적이라고 할지라도 유약함과 비교해서는 같지 않다. 역에서 양강(陽剛)을 군자라 하였고 음유(陰柔)를 소인이라 하였다. 이처럼 유약하여 강건하지 않은 자질의 경우는 조금이라도 떨쳐 일어날 수 없으면 단지 곤혹에 빠질 따

름이다.[69]

이처럼 강건함과 유약함으로 음양의 존재적 속성을 표현하고, 여기서 한 걸음 더 나아가 음양존재가 도덕주체로 서기 위해서는 양과 같은 강건함이 필요하다고 한다. 그리고 여기에 중립적 개념인 강건함과 유약함을 가치가 내재된 선악에 대비시켜 설명한다. 따라서 주희는 양을 군자로 여기고 음을 소인으로 여기는 것은 강유선악으로부터 미루어 나아가 이로써 덕의 차이를 말한 것일 따름이라고 한다.

이는 『주역』에서 음과 양의 존재가 대두되는 과정을 설명한 부분에서 잘 드러난다. 『주역』 64괘 중에서 음이 최초로 등장하는 구괘(姤卦, 乾(☰)上 兌(☱)下)와 양이 최초로 등장하는 복괘(復卦, 坤(☷)上 震(☳)下)를 설명하는 부분이 그것이다. 양이 최초로 등장하는 시기는 바로 천리의 이치를 잘 배양하기 위한 공부의 시기로서 양의 확장에 주목하여 설명하는 반면, 음이 최초로 등장하는 구괘의 경우는 좋지 않은 괘라고 하면서, 비록 음의 세력이 미약하지만 음이 확장되면 양이 자라날 수 없으므로 양은 항상 삼가야 한다고 한다. 그러면서 음의 등장을 소인으로 보고, 양은 음에 대항해야 할 존재인 군자로 보고 있다.

問 – 왜 음을 소인에 비유합니까?
똠 – 어느 때는 이와 같다. 평상시에 보면 모두 좋은데 부류로써 말한다면 좋지 않다. 그러나 단지 겉표면만 좋지 않을 뿐 골자는 오히려 좋다. 대개 발생하는 것은 모두 이 양기로 소장이 있을 뿐이다. 양이 약간 소멸하면 하면에 음이 약간 생긴다. 또한 음을 찾아가는 것이 아니고 양이 소멸한 곳이 바로 음이다. 그러므로 양이 오는 것을 복(復)이라고 한다. 복이란 본래의 것이다. 음이 오는 것을 구(姤)라고 한다. 구(姤)는 우연히 서로 만난 것이다.[70]

이처럼 성리학 체계에서는 존재의 주체성이나 정체성을 확보하기 위해서 '원초적 존재'인 양의 회복을 중시하게 되며, 양의 소멸과 함께 등장하는 음의 존재를 경계하게 된다. 따라서 몸닦기를 통해 스스로 도덕주체로 서기 위해서는 존재의 충실이 중요하게 되며, 이는 사욕의 배제, 즉 음이 번성하게 되는 것에 대한 방어와 연관되어 설명된다. 그리고 물욕의 사사로움을 물리치기 위해서는 강건해야 하는 것을 전제조건으로 한다. 따라서 집안의 도를 세우는 것 역시 아버지의 엄격함에서 가능하다고 하므로, 유약함을 존재원리로 하고 있는 음은 자신의 몸의 주인이 될 수 없게 된다. 그래서 순종을 미덕으로 하게 되고 음의 세력이 장성하게 되는 것을 사욕이 싹트는 연원으로 보기도 한다.

결국 양의 회복은 자신의 정체성을 형성하는 것을 의미하고 음의 확장은 그 정체성 형성을 저해하는 요인으로 보아, 음을 존재원리로 가진 여자는 자신을 내세우는 것이 원천적으로 봉쇄된다. 음인 여자가 자신의 존재를 드러내려 하는 순간 바로 사욕이 싹트게 된다고 보기 때문이다. 따라서 가장이 집안에서 부인을 잘 단속하는 것이 집안을 다스리는 기본이 된다. 이처럼 주자학적인 체계에서 여성은 자신을 몸의 주체로서보다는 양에 대한 보조로서의 내조에서 그 존재의의를 찾는다. 이는 사회 속에서 여성존재의 정체성은 오로지 양의 존재에 의지해 있을 때 성립될 수 있다는 전제에서 나온 사고방식이다.

따라서 유학적 사회질서 속에서는 음(陰)인 여자가 딸에서 한 남자의 부인이 되는 과정에서 존재적인 단절이 이루어진다. 즉, 주희는 『주역』의 귀매괘(歸妹卦) 「단전」에서 "천지가 교류하지 않으면 만물이 일어나지 않으니, 어린 딸이 시집가는 것은 사람의 끝과 시작이다"[71]고 한 부분을 해석하면서, 이를 "결혼이란 딸로서의 끝이고, 낳고 기르는 것은 사람의 시작이다"[72]고 설명하고 있다. 이는 결국 딸이 시집감으로써 자식의 도는 끝나고, 어머니의 도가 시작된다는 의미이다. 따라서 딸로서의 자식의 도는 여성에게 한시적으로 주어져 있는 것에 불과한 것으로 본다.

이처럼 유교문화 속에서 생활하는 여성은 일생 자신의 정체성을 자신의 존재에서 찾는 것이 아니고, 자신의 몸을 의탁하고 있는 남성에게서 찾아야 한다. 여기에서 여성의 존재적 단절이 이루어지게 된다. 딸일 때는 아버지에게, 결혼해서는 남편에게, 노후에는 아들에게서 자신의 존재확인을 받아야 하는 체계에서 여성이 주체적으로 자기 자신을 정초지을 수 있는 원리가 존재할 리 만무하다. 이것이 바로 유교문화에서 말하는 삼종지도(三從之道)의 원리다.

이러한 삼종지도의 원리는 음양의 논리에 의거해서 가족 내에서 여덕을 강조하는 성리학이 성립되면서 더욱 철저하게 지켜지게 된다. 앞서 보았듯이 한대의 경우는 정치적인 역학 관계에 따라서 가족의 구성도 바뀔 수 있었기 때문에 삼종지도의 원리가 송대 이후만큼 철저히 지켜질 수 없었다고도 볼 수 있다.

이러한 삼종지도는 음양구조에서 음(陰)에게 부과된 유약함의 특성이 사욕에 빠지기 쉽게 하고, 이로써 사회악의 원천이 된다고 하는 논리가 유교이념체계에서 여성존재성을 구성하는 데 토대가 되고 있다고 보는 의식에서 연원한다. 따라서 이러한 의식 하에서는 음적인 특성을 지닌 여성이 도덕적인 인격을 구현하기 위해 강건함의 상징으로서의 양(陽)의 존재의 보조적인 위치에 있어야 함을 강조한다. 이는 강건함이 사회 질서를 이룰 수 있는 선을 창출할 수 있는 토대라고 생각하기 때문이다.

결국 음인 여성은 양인 남성의 통제 하에 있을 때만 사회악의 근원이 되는 자기존재를 부정하고, 참된 존재로서의 양의 존재성으로 나아갈 수 있음을 강조하는 체계를 유지하고 있다. 그리고 이 체계는 가족윤리 속에서 가장의 엄격함이 집안의 질서를 이룰 수 있다는 의식으로 표현되어 잘 다스려진 집안은 가장의 덕의 표현이 된다고 한다.

이와 같은 삼종지도의 원리에서 알 수 있듯이, 여성에게서 결혼은 존재적 단절이 이루어지는 분기점이 된다. 그리고 유학체계 하에서 여성이 진정한 사회구성원으로 서게 되는 것은 결혼을 함으로써 부인으로서의 존재를 획득하였을 때이다. 유학적 원리에서 부인의 존재성을 획득하는 것은 정이천이 "부인은 선조를 받들고 제사를 모시는 사람이다. 제사를 받들 수 없으면 부인이 될 수 없다"[73]고 하는 데서 알 수 있듯이, 선조를 받들고 제사를 모시는 것에 있다.

이는 『예기』에서 "결혼 후 시부모가 살아 계시다면, 그 이튿날 시부모를 뵙는 예를 행하지만, 돌아가셨을 경우는 결혼 후 석 달 만에 길일을 가려서 시부모의 사당에 제사지내는 것이 며느리의 의라고 하였다. 그런데 사당에 인사하기 전에 며느리가 죽는다면, 정식으로 며느리가 되지 못하였기 때문에 영구는 친정 마을에 귀장한다고 한다"[74]고 하는 부분에서도 알 수 있다. 이처럼 선조의 승인 및 선조를 받드는 것을 매우 중시하는 의식은 유학이념체계를 근저에서 지지하고 있는 가족윤리로서의 효개념과의 연장선상에서 이해될 수 있다. 선조를 받들고 제사상을 차린다는 것은 당시 사대부들의 느슨해진 가족윤리를 이념적으로 더 확고하게 유지하고자하는 의지가 들어가 있었다고 할 수 있다

이와 같은 결혼 및 성에 대한 관념은 유학의 음양론의 틀 속에서 존재론적 정당화를 제기하고 있으며, 음양의 상징체계

는 계속해서 전해져 내려온다는 점에서 몇천 년에 걸친 유교문화 속에서의 성관념은 그리 많이 변화되었다고 보기 어렵다. 그러나 가족법과 결혼 및 성에 대한 의식은 시대가 변화함에 따라 약간의 변화를 거쳤다는 점도 간과해서는 안되며, 유교문화 속에서 여성 정체성 형성에 중요한 요소였던 삼종지도의 원리가 여성을 인격적으로 다루지 않았다는 것을 의미하지는 않는다. 유학의 원리에 따라 살아가는 여성들에게는 그에 상응하는 다른 면의 존재방식이 존재했기 때문이다. 단지 유학의 원리를 벗어나서 살려고 했을 경우 그 제재는 상당히 강하였다는 것을 염두에 두어야 할 것이다.

한국유교문화에 나타난 '여성'의 위치

이상의 논의에서 볼 수 있듯이, 유교문화에서 여성은 가족을 넘어서 그 존재를 규정할 수 있는 여지가 마련되어 있지 않다. 따라서 유교문화에 나타난 '여성'의 위치와 관련된 논의 역시 가족 내에서 생성되는 담론이 그 주를 이룬다고 할 수 있다. 그러나 그 담론 속에 가로질러 있는 권력관계 속에서 여성은 가족 내에서조차 자신의 존재성을 확인받을 수 없는 것이 현실이다.

이는 근래에 우리사회의 주요 이슈로 등장하는 호주제 철폐와 여성들이 대법원에 제출한 종회회원확인 청구소송에서 단적으로 드러난다. 이 두 문제는 변화하는 사회 속에서도 여전히 가족관에 부과된 채 힘을 발휘하고 있는 전통의 위력을 읽을 수 있는 대표적인 사례라고 할 수 있다. 본 장에서는 위의 두 문제 속에서 견지되는 유교원리 및 그 원리에 대한 재검토를 해보겠다. 이를 통해 오늘날 우리사회 속에서 가족관을 형성하는 데 유교문화가 어떠한 방식으로 관철되고 있는가를 살펴보고자 한다.

호주제

호주제 존폐문제로 열띤 공방이 이루어진 지 꽤 오랜 시간이 지났음에도 불구하고 호주제 폐지를 적극적으로 주장하는 여성계의 움직임에 대한 반대 역시 만만치 않다. 특히 1989년에 민법의 일부개정시 국회법제사법위원회는 호주제도를 폐지하는 원래의 개정안을 수정하여, 호주제도는 폐지하지 않고 다만 호주의 권리와 의무를 거의 모두 삭제함으로써 호주의 지위를 형해화시켰다. 이 밖에 호주상속권 포기 금지규정에 대해서는, 호주승계권은 이를 포기할 수 있다고 개정함으로써 가부장제적 요소를 많이 완화시켰다. 이에 김주수 교수는 "호주는 이제 실질적인 권한이 없고 상징적인 존재가 되었는데도 호주제도를 폐지하지 않고 온존시키는 것은 가부장적 이데올로기를 남겨 놓겠다는 데 그 의의를 찾을 수 있을 것이다"고 하며, 이러한 과도적인 단계를 거쳐서 종국에는 이 제도가 폐지될 것으로 전망하고 있다.[75]

한편 폐지론에 대한 비판적 입장에 있는 김준원 씨는 "과거의 절대적인 호주의 권한은 이제 찾아볼 수 없으며, 다만 호적 편성상의 기준에 불과한 형식적인 존재임에도 호주제도를 완전히 폐지하자는 주장은 그 의의와 목표를 잃고 있다"고 주장한다. 그는 "우리 호적법의 가변편제로 인한 호적 상호간의 연결기능에 의하여 부부, 친자, 형제의 가족관계뿐만 아니라, 극히 광범위한 친족 상호간의 관계를 구체적으로 알아볼 수 있다. 따라서 국민의 신분증명서로서의 역할을 충분히 다하고 있어 신분관계의 입증에 아주 편리함을 보여준다"[76]고 호적법의 존재의의를 평가한다.

반면 호주제가 폐지되어야 한다고 주장하는 김주수 교수는 호주제도 자체의 결함과 모순을 지적한다. 호주제는 "법률상의 가족과 사실상의 가족 사이에 커다란 괴리를 가져다주고 있을 뿐 아니라, 봉건의식을 조장하고 있다.……호주제도가 폐지된다면, 우선 우리나라의 봉건적 가족제도에서 나오는 비민주적 의식을 불식할 수 있는 자극제가 될 것이다. 그것이 민주화의 방향을 제시해 줄 것이며, 또한 실무상에서도 필요 없는 절차를 많이 생략할 수 있을 뿐만 아니라, 법률상의 가족과 사실상의 가족 사이의 괴리를 최소한도로 줄일 수 있게 된다"[77]고 한다.

이처럼 법학자들의 호주제 존폐문제와 관련된 주장의 근거에는 법령의 유용성 또는 논리적 적합성 등의 문제가 중심에 놓여 있다. 반면 여성주의 입장에 선 양현아 박사의 경우는 "호주제도가 상징적 제도이기만 하다면 왜 그렇게 폐지에의 저항이 큰 것일까? 더더욱 상징적이라는 말의 사회적, 역사적, 여성학적 의미는 무엇일까"라고 문제를 제기하면서, "그동안 호주제도가 얼마나 유명무실한 제도가 되어버렸는가에 대한 논의만 무성하였지 현재의 법에 존속하는 호주제도의 의미가 무엇인가에 대한 논의는 상대적으로 부족하다"며 반성을 촉구한다. 그러면서 그녀는 호주제도는 한국사회에서 여성과 남성범주에 대한 의미를 생산하는 젠더체계의 일환임을 밝히고 있다.78)

또한 호주제는 폐지되어야 한다고 주장하는 허라금 교수는 현재 쟁점이 되고 있는 '과연 호주제가 우리 고유의 전통이냐 아니냐'는 문제를 제시하면서, "호주제는 우리민족이 따라온 전래의 문화요 전통이라는 주장은 단지 현행의 호주제를 유지하려는 이들이 우리사회가 중요하게 생각하는 전통이라는 가치에 호소하는 심리적 전략에 지나지 않는다"고 하였다. 그녀는 전통이란 역사적 과정 속에서 형성되는 것이지, 민족 역사의 어떤 시점에 완성되어 대대로 전수되는 것이 아니라고 한다.79)

이러한 논란을 통해서 적어도 오늘날 우리사회에서 여성의 삶을 구성하고 제약하고 있는 근간에는 유교와의 연관성이 짙게 깔려 있으며, 따라서 유교의식은 현재에도 여전히 개개인의 의식을 지배하고 있는 사유형식으로 남아있다는 것을 알 수 있다. 이광규 교수는 그의 『한국가족의 구조분석』에 대한 안계춘 씨의 비판, 즉 "현시적 자료를 분석의 대상으로 하면서 전통적 가족을 논하는데, 이것이 근대화 이전까지를 포함한다 하였을 때 과연 현재의 자료로 이러한 시차를 포괄할 수 있겠느냐"는 문제제기에 대하여, 인류학자들이 갖는 안목에서 전통적인 문화요소, 즉 가족이 비교적 쉽게 변하지 않고, 적어도 수 세대 수백 년을 지속한다는 전제가 있었으며, 전통적 사회구조가 오히려 오늘날과 같이 외적인 사회표면의 변화가 있을 때 더욱 잘 파악되고 관찰된다는 것을 전제로 하였다고 말했다.[80] 이 지적을 통해 알 수 있듯이 호주제라고 하는 사안 속에는 그 안에 깊이 각인되어 있는 유교의 전통적인 성별분업에 의한 위계적 성관계가 잘 드러나고 있다고 할 수 있다.

따라서 청목 청(靑目 淸)은 전전(戰前)의 일본 가족법과 1990년 개정 이전의 한국 가족법을 비교하면서, 한국 호주제도의 직접적인 연원 자체는 일본 메이지 민법 하의 가족제도에서 찾을 수 있지만, 호주제도 철폐를 반대하는 보수파들이 호주제도 속에서 한국의 전통 내지 문화를 찾으려는 것은 일본의 제도에는 없거나 미약했던 종법제도가 호주제도에 결합되면서, "호적제도에 만들어진 가(家)의 장이 호주였지만, 한국의 가족제도에서는 그것은 제사라든가, 혈통이라는 관념과 보다 강하게 결부되어 존재한 것에 연원한다"[81]고 보고 있다.

이처럼 가족제도 속에는 혈통에 의해서 계승되는 부자관계가 그 중심에 놓여있다. 이러한 종법제도를 지지하는 이념이 유교라고 할 수 있다. 따라서 유교를 전통사상이라고 했을 때 호주제 속에 전통의 문화적 요소가 깊이 각인되어 있다는 것은 부정할 수 없는 현실이다.

따라서 여성계에서 호주제는 단지 식민지시대에 일본에 의해 편의적으로 심어진 제도로서 우리의 전통과 무관하다고 하면서 호주제는 폐지되어야 한다는 논거를 제시하는 방식은 그다지 설득력 있게 다가오지 않는다. 이러한 방식의 논의 틀은 논란이 되고 있는 사안 자체에 내재되어 있는 통념에 대한 철학적 검토를 오히려 흐리게 만들 가능성이 높다. 왜냐하면 일제에 의해서 심어진 제도니까 나쁘다는 식의 논의는, 그렇다면 일제에 의해서 심어진 제도가 아니라면 좋은 것인가라는 문제가 제기될 수 있기 때문이다. 그리고 다른 한편으로는 그러면 일제에 의해서 도입된 제도는 검토해볼 여지없이 무조건 나쁘다고 보아야 하는가라는 문제도 제기될 수 있다.

그렇다면 호주제 존폐여부와 관련한 사안이 우리들에게 던지는 우리문화에 대한 반성의 계기는 무엇인가? 그것은 바로 유교 가족윤리를 지지해 주는 원리에 대한 철학적 반성을 통해 우리의 생활 속에 통념으로 가지고 있는 기본적인 생각에 대한 재검토이다. 즉, 호주제 속에서 전통의 모습을 찾으려는 보수파들의 기본적인 생각인 남자혈연에 의해서 계승되는 혈통의식에 대한 문제제기에서부터 시작해야 한다는 것이다. 다시 말해 오늘날 변화하는 사회 속에서도 여전히 가통은 남자혈통으로 계승되어야 한다고 하는 통념에 대한 재검토를 통해서 호주제가 전제하고 있는 남성중심주의에 대한 비판에 초점이 놓여야 한다는 것이다.

양현아 박사는 "호주제도 안에서 남성이라는 젠더는 언제나 결혼 혹은 남편이라는 기표를 능가하게 하고, 반면 여성이라는 기표는 언제나 결혼과 가족이라는 기표에 묶이게끔 규정된다. 요컨대 호주제도는 가족 경계 안에 갇힌 존재로서의 여성 젠더를 생산한다"[82]고 분석한다. 그녀는 이러한 호주제 규정에 근거해 다음과 같은 지적을 하고 있다.

> 호주제도는 남자를 정상적 호주승계자로 놓고 고안된 제도이며, 여성들은 남성들이 없을 경우, 할 수 없이 호주지위가 주어지는 잔여범주로서 존재한다. 여성은 결혼과 더불어 자신의 본래가족의 성원자격을 상실한다. 결혼 전 여성이 호주였을 경우 여성의 결혼은 가족의 폐가를 이끌게 된다. 남편이 살아있는 기혼여성은 그 여성의 필요에 의해 호적을 변경하는 것 자체가 가능하지 않다. 이혼한 여성은 자신의 본래가족에게 되돌아가거나 일가를 창립하거나 부흥시킬 수 있다. 결혼관계에서 태어난 자녀는 아버지 호적에 입적하도록 되어있으므로 어머니인 여성은 남편과 혼인관계를 유지하지 않는 한 자녀와도 안정된 제도적 관계를 가지기 어렵다. 어머니(혹은 어머니의 현재 남편)의 호적에 불가피하게 등록된 자녀들은 어머니와 함께 가족 내의 사건에 의해 좌우되는 불안정한 가족 정체성을 가지게 된다.

이처럼 호주제에서는 남자혈통에 의해서 가통을 이어나간다는 의식이 중요한 전제로 깔려있음을 읽을 수 있다. 특히 현재의 호주제가 이름밖에 남아있지 않다고 주장하는 일부학자들의 생각과는 달리, 현 호주제 하에서 논란의 여지가 있는 부분은 모두 유학적인 가족관의 테두리에 포괄될 수 없는 여성의 경우들이다. 여성이 재혼 또는 이혼을 하거나, 또는 독신으로 살 경우에 여러 가지 변수에 의하여 평범한 삶에서부터 이탈되게 된다는 것이다. 이는 앞서의 논의에서처럼 유교 가족문화에서 규정한 현모양처로서의 삶을 영위하지 않는 여성들에 대한 배타성을 드러내는 좋은 예라고 할 수 있다.

따라서 남자혈통에 의해서 가통을 이어나가야 한다는 의식의 저변에 깔려있는 가치관에 대한 재검토는 호주제를 논의하는 데 있어, 더 나아가서 오늘날의 가족의식을 설명하는 데 있어 매우 중요한 의미를 지닐 수 있다. 유교에서 가통을 남자혈통에 의해서 이어나가야 한다고 하는 투철한 생각은 앞서의 논의 속에서 분명하게 나타나듯이 가족질서뿐만 아니라 국가 사회질서를 창출하는 데 있어서 강건함의 상징인 양의 중요성을 거듭 강조하고 있는 것과 연관되어 있다. 이러한 유교 가족윤리의 근간이 되는 사고방식으로서, 유학적 질서의 창출과정에서 중요하게 생각되는 도덕적 질서의 완성이 양의 강건함 속에서만 도출되며, 음의 유약함은 사악함으로 흐르기 쉬운 속성 때문에 항상 양의 강함에 의해서 점검받고 통제받아야 한다는 사고가 호주제 속에서도 그대로 반영되어 있다는 의미이다. 따라서 남자혈통만 중시한다는 논의에서 비판을 출발하기보다는 왜 남자혈통이 중요하다고 하는지의 정당화 방식에 대한 문제제기를 통하여 그 전제를 받아들일 수 있는지 성찰해볼 필요가 있다. 이는 음양을 강건함과 유약함의 특성으로 전제하며, 위계적인 성역할론을 펼치고 있는 유교의 의식에서부터 그 연원이 있다고 하겠다.

유교에서는 음양의 대표적 성질로서 강건함과 유약함을 들면서, 강건함과 유약함에서 선악의 문제를 도출하고 있다. 이러한 방식은 가족윤리 속에서 부인의 도와 남편의 도를 상호성에 의하여 접근하기보다는 남편의 도 속에 부인의 도가 포괄되었을 때만이 진정으로 집안의 도가 설 수 있다는 방식의 논의로 흐르게 되어, 음양의 조화를 배타성의 문제로 치닫게 한다. 이에 질서란 강건함의 기반에서만 나올 수 있는 것인지, 과연 질서의 창출을 유약한 많은 개인들의 권리확보나 합의에 의해서 도출하는 방법은 없는 것인지 등에 대한 검토가 필요하리라 생각된다.

이러한 논의는 바로 집안의 법도를 세우는 사람으로서 강건함의 상징인 남자가장의 중요성으로 이어지게 된다. 그리고 남자가장으로서 갖추어야 할 요건으로서 강건함의 발현을 매우 중요하게 여긴다. 이는 가장으로 하여금 주체적인 자신의 의지를 부각시키기보다는 자신의 의지를 절대적인 도덕가치에 종속시키게 만든다. 따라서 유교문화권에서 가정 내의 구성원들은 음양에 의거한 위계적인 역할개념에 의해, 교화시킬 대상과 교화할 주체로 양분된다. 이때 중요한 것은 항상 국가 사회 가정이라는 공간 내의 질서유지이다.

이러한 사고방식은 사회구성원들의 창조성이나 개성의 발현에 중점이 두어지기보다는 단일화 또는 획일화를 도모하는 권위주의체제를 양산할 가능성이 높아지게 된다. 따라서 인간의 권리란 측면이 사회에서 요구되는 도덕이라는 미명 하에 희생될 수 있는 가능성이 농후하다. 이러한 체제 속에서 가장 취약한 지점에 위치한 여성들은 적극적으로 자신을 주장할 수 있는 공간을 확보할 필요성이 대두된다. 그러한 공간의 확보야말로 상호간의 의사소통이 원활하게 이루어지는 진정한 공동체를 형성하기 위한 단초가 될 수 있을 것이다.

종중

2001년 각종 매체를 통해서 보도된 종중재산 분배문제로부터 시작하여 종회회원확인 청구소송으로 이어진 일련의 사건들을 통해서 우리사회에 오늘날까지 지속되고 있는 성리학적인 유교 가족문화의 한 단편을 발견할 수 있었다.

「중앙일보」는 2001년 3월 15일자 신문에서 이는 "사회의 인습에 반기를 든 딸들의 반란"이라고 하면서, "여성들의 변화는 일반적인 물결의 파장과는 반대로 밖에서 안쪽으로 파고들며 점점 지름이 짧은 동심원을 그리고 있다. 사회의 구조, 직장에서의 불평등이나 성희롱 같은 일반적인 문제에서 점차 우리 가정의 문제로 좁혀지는 추세"라고 진단하고 있다.

그러나 결국 2001년 말 서울 고등법원 민사14부는 이원재

씨 등 용인이씨 사맹공파 출가여성 5명이 종중을 상대로 낸 종회회원확인 청구소송 항소심에서 원고패소 판결을 내렸다. 현재는 대법원 판결을 기다리고 있다. 당시 재판부는 "원고측은 종중규약상 종원은 성인으로 한다는 조항을 들어 여성도 종중에 포함된다고 주장하나, 종중의 본질과 관계에 비춰 이 조항이 여성을 종회회원에 포함하기 위한 의도로 만들어진 것으로 보기 어렵다"며, "성년남자를 중심으로 종중이 형성되는 종래의 관습이 헌법상 남녀평등 이념 등과 조화를 이루지 못할 여지가 있다 해도, 헌법상 기본권은 사법의 일반원칙을 통해서만 간접적으로 개인적인 관계에 적용되는 것이라면서, 그것이 선량한 풍속이나 사회질서에 위반된다고 보기는 어렵다"고 밝히고 있다.

이와 같은 판결에 대하여 조국 교수는 "고의로 반여성적인 판결을 하는 판사는 극소수지만, 기존 판례에 따라 또는 사회 일반이 합의할 수 있는 등의 보수적 판결기준을 통해 현실에서 일어나는 차별적인 관행이 그대로 묵인되고 있다"며, "종중규약의 적용이 헌법정신에 위반된다면 법원은 그 점을 지적해야 한다"고 한다. 또한 조순경 교수는 "법의 차별규제가 현실에 맞게 끊임없이 변해야 하는데 판사들이 몇십 년 전 판례를 답습하는 일이 많아 새로운 차별을 규제하지 못한다"고 하고 있다.[83]

그렇다면 과연 종중이란 무엇인가. 현행 민법에는 종중의 성격에 대한 명확한 법규정이 없으므로 단지 '법인격이 없는 사단'으로 간주하며, 그 재산소유형태는 총유[84]로 규정하고 있다. 따라서 종중과 관련된 소송이 제기될 때, 판단의 기준이 되는 것은 관습에 대한 해석이며, 이는 전통을 어떻게 해석하여 받아들일 것인가의 문제와 긴밀히 연관된다. 앞서 고등법원의 판결문에서도 볼 수 있었듯이, 종회회원확인 청구소송에서 재판부 판단의 관건이 되고 있는 부분도 헌법상의 남녀평등원칙과 성년남자를 중심으로 종중이 형성되는 종래의 관습 간의 충돌을 어떻게 해석하는가에 놓여 있었다. 여성계나 원고 측에서는 이 문제가 남녀평등의 이념에 어긋난다고 하며, 재판부에서는 종중의 관습이 사회질서에 위반되지 않으므로 위헌판결을 내릴 수 없다고 한다. 이에 주목할 만한 견해로 제시된 의견 중 하나가 유림측에서 재산분배 자체가 불법이라고 주장하면서, 불가피하게 처분된 종중의 재산은 장학재단이나 기금설립 등 자자손손의 복지를 위해 써야 한다고 지적한 점이다.[85] 필자는 이 부분에 주목하면서 전통사회 속에서 종중의 역할 및 오늘날 전통을 대하는 우리들의 자세 등에 대하여 언급해 보고자 한다.

김원권 씨는 그의 석사논문에서 "현재 종중은 사회적으로 그 기능이 다소 축소되었으나, 이를 보호 육성할 필요가 있다고 하면서, 전적으로 판례에 의존하는 종중에 대한 제 문제는 궁극적으로 관습에 대한 정확한 파악이 문제해결의 실마리가 되고 있으나, 오늘날 관습법의 규범 자체가 일제에 의해 왜곡된 부분이 많으므로 현시대에 맞는 특별법 제정이 시급하다"[86]고 한다. 이는 이번 여성종중원확인 청구소송만이 아니고, 종중재산과 관련된 소송이 끊임없이 이어지고 있는 상황에서 합리적 처리방안을 그동안 꾸준히 고민해 온 결과 나온 것이라 할 수 있다. 그리고 이번 사건에서 여성계가 주장하는 특별법을 제정하여 입법청원형식으로 여성들을 종중원 자격에 포함시키도록 하는 방안을 제시하는 부분과도 일맥상통한다.

그러나 우리사회에서는 종중이 조상숭배를 위한 남성들만의 특수집단이라고 보는 인식을 전통이라고 하며, 이런 전통에 반기를 든 딸들을 곱지 않는 시선으로 보고 있는 것이 현실이다. www.yeslaw.com에서는 "최근 사회이슈가 되고 있는 출가여성들의 종중재산 분배문제에 대하여 어떻게 생각하는가"에 대한 질문에, 응답자 중 48.1%가 종중의 의무는 지지 않고 재산만 가져가겠다는 것은 여성의 이기적 주장이라고 했으며, 44.2%가 평등의 원칙에 따라 여성들은 종중재산을 분배받을 수 있게 해야 한다고 하였다. 또한 forum.joins.com에서는 종중의 본질과 관계에 비춰 볼 때 여성이 종중원에 포함되기 어렵다는 판결을 계기로, 온라인 여론조사결과 전통을 존중해야 한다는 의견이 57.7%, 남녀차별을 없애야 한다는 의견이 42.3%로 나왔다.

이처럼 종중의 의무를 지는 주체설정 문제와, 전통을 존중해야 한다는 의견 속에는 전통이라는 이름 하에 단절된 여성의 모습을 읽을 수 있다. 결혼하기 전의 딸로서의 여성과 결혼한 후의 출가여성 간의 간극이 우리의 의식 속에 뿌리깊게 각인되어 있는 것이다. 이처럼 종중단체의 성격 및 종회회원의 범위규정을 검토할 때 역시 이 담론 속에 전통이 어떠한 방식으로 개입되고 있는가를 살펴보아야 할 것이다. 특히 딸과 부인의 단절을 그대로 드러내고 있는 종회회원 규정에 대한 논란 속에서 여성인 우리가 과연 전통을 어느 선에서 받아들이고, 개선되어야 할 부분은 어떻게 이루어야 하는지를 고민해 볼 필요가 있다.

법학계에서는 꾸준히 전통의 온존이라는 맥락에서 종중이라는 단체에 주목하며 종중성격에 대한 일제왜곡상을 비판하고 있다. 먼저 일제에 의해 종중성격이 어떻게 왜곡되었는가에 대한 논의를 통해 종중이라는 단체가 지닌 전통사회에서의 기능을 알아보고, 이에 준거하여 오늘날 종중이란 단체의 성격 규정들에 관하여 논의해 보도록 하겠다.

심희기 교수는 "종래 법학계 내부에서 종중이란 제사에 관한 관습상 자연히 발생하는 단체로서 제사를 지내야 할 자손이 있는 한 영원히 존속하고 인위적으로 그것을 해소할 수 없으며, 종중의 사멸은 족인 모두가 사망하고 없을 때만 생각할 수 있다"고 한 인식은 일제 하에서의 '조선사회정체론=사적 소유의 결여'라고 하는 정책 목표와 이에 부응하는 관습왜곡에 있다고 한다. 그리고 "조선 중후기의 종중은 의도적으로 조직을 설립하고 계속해서 조직을 정비하여 각자의 재산 중 일부를 떼어내(출연행위) 종중의 기금으로 확보하였다. 이 재산이 자체 증식하도록 재산관리 규칙을 엄격히 규정하고 감시하지 않으면, 조상을 숭배하고 친족을 화목하게 하는 목적을 지속적으로 달성하기 어려웠다"고 하면서, "출생에 의해 당연히 소속되고 임의탈퇴도 강제축출도 할 수 없는 것은 종족관계라는 부계혈족의식이지, 재산을 공동소유하는 소유단체가 아니다"고 말한다.[87]

김호규 씨 역시 "한일합방 이후 일제는 일본의 민법을 비롯한 많은 법령들을 우리나라에 적용하면서 그 결과 우리 민중들 속에서 살아 숨쉬고 있던 우리 민족 고유의 수많은 관습법적 법과 법제도들은 부인되거나 그들의 식민지 통치정책상의 필요에 따라 왜곡되었다"고 하면서, 그 대표적 예로 "일제에 의해 우리나라 종중의 독자적인 법주체성이 부인되었으며, 그 종중의 소유관계도 이들의 약탈적인 식민지 통치정책의 수행에 맞게 왜곡되었다"고 한다. 이에 "우리나라의 종중은 본래 우리 고유의 관습상 사단(社團)으로서의 실체를 가지고 독자적인 법주체로 활동하고 있었으며, 단지 그것이 일제의 탄압에 의하여 극심하게 왜곡되었다"[88]는 것을 밝히고 있다.

이러한 법학계의 주장을 보면 종중은 혈족의식의 강화를 위해 의도적으로 조직을 설립하고 지역사회의 교화에 영향을 미쳤던 독자적인 단체라고 할 수 있다. 그리고 이는 주자학이 성립되면서, 지성적 동요의 시기인 송대에 학자들이 고전시기의 도덕적 완전성을 유지하기 위한 길로 고전윤리의 중심이었던 가족관계에 중심을 두고 가족제도를 재점검하면서 그것을 개혁할 길을 제안하게 된다.[89] 이에 송 이후 형성된 근대 봉건 가족제도는 주로 주자학자들이 새롭게 구호를 고취하여 새로운 역사조건 하에서 가족제도를 중건한 것으로, 가장 큰 특징은 사당을 세우고 족전(族田)을 두며 가보를 편찬하는 것으로 보고 있다.[90] 종중 역시 이러한 주자학적 이념에 의한 사회교화차원에서 두어진 것으로 볼 수 있을 것이다. 그리고 이는 조상숭배에서 비롯된 효사상의 보급이 그 주된 목표라고 할 수 있다. 특히 최근 문제가 되고 있는 종중재산이란 바로 족전이라고 할 수 있다. 따라서 족전의 사용처라든지 그 존재의 의를 설명하는 것을 본다면, 오늘날 종중재산의 확보가 갖는 의미 및 종중단체의 계승방향 등을 엿볼 수 있을 것이라고 생각한다.

이와 같은 의식과 오늘날 전통의 보전이란 명제 하에 종중이란 단체를 어떻게 바라보아야 할 것인가? 그리고 유교 가족제도 속에 나타난 여성의 모습은 오늘날 어떠한 방식의 변형을 이루어야 하는가? 이러한 질문은 전통이란 이름 아래 여성의 존재적 단절을 심어주는 의식의 변화와, 오늘날 여성들이 주체적으로 전통을 어떻게 다듬어 나가야 하는가에 대한 답변 없이는 해결될 수 없는 문제라고 생각한다. 이에 논자는 몇 가지 생각해볼 문제를 던져보면서 본 논의를 마무리할까 한다.

앞서 논의에서 알 수 있었듯이, 종중은 일제에 의해 왜곡되기 이전에는 우리 전통문화 속에서 권리능력이 있는 독자적인 단체로서 기능하였음을 알 수 있다. 특히 일제시대에 일제는 독자적인 재산을 가지고 있었던 종중단체에서 독립운동단체에게 자금을 지원하는 등의 일을 차단하기 위하여 종중단체의 해체를 유도하기 위한 다양한 전략들을 구사하게 된다. 그러면서 종중단체의 성격이 왜곡되어 오늘날까지도 그대로 이어져 내려오고 있는 실정이다. 이를 감안한다면 종중단체의 성격 및 종회원의 자격 등의 문제가 이슈화되었을 때 전통사회 속에서 종중이 사회에 미친 긍·부정적인 영향을 검토해 보고, 오늘날의 현실에 맞는 종중상을 그려보아야 할 것이다. 그리고 새로운 시대변화에 발맞추어 볼 때, 현실적인 종중원의 자격 등도 고려해 보아야 한다고 생각한다.

먼저 중국의 송대 이후 가족제도 속에서 종중재산이었던 족전은 제사지내는 비용의 충당, 동족 중 곤란에 처했을 때 도와주는 비용, 장학금 등으로 사용되었다. 이는 대부분 동족이 모여살던 당시 향촌자치기능을 하던 운용자금으로 종족을 거두어들이는 방법이었다고 할 수 있다. 반면 우리나라의 경우는 경제적인 요건뿐만 아니라, 훌륭한 조상이 있어야만 종중이 형성될 수 있었다.[91] 바로 이러한 특징이 오늘날까지도 활발하게 종중활동을 하는 단체 대부분이 조상의 업적 및 학문에 대한 탐구 등의 방향으로 향할 수 있는 토대가 되었다고 생각한다. 그러므로 좀더 거시적인 입장에서 오늘날 종중활동의 활성화가 한국학 연구의 진작을 위한 방향으로 나아갈 수 있도록 유도해 줄 수 있는 장치의 마련은 종중활동을 통해 전통의 긍정적 측면을 살릴 수 있는 유의미한 방향이 될 것이다.

오늘날 사회에서 여성은 남성을 통해서 자신의 존재를 확인하는 것이 아니고, 다양한 사회활동을 통해서 자신의 존재를 확인해 가는 독립된 존재임을 인정할 수밖에 없으며, 동시에 사회질서의 창출은 더 이상 강건함의 상징인 남성만의 몫일 수 없다. 오히려 동등한 인간으로서 여성과 남성이 사회구성원으로서 자신의 존재를 확인해 나가는 과정에서 우리사회의 건전성이 유지될 수 있을 것이다. 전통이란 시대의 변화에 따라서 그 유연성을 발휘할 때만이 오늘날의 우리들의 삶에 의미 있게 다가올 수 있다. 단지 관습상 종중원은 성인남자에 해당한다고 하는 안이한 생각에 젖어서 현실과 동떨어진 시대착오적인 판단을 내린다면, 오늘날에 살아있는 전통으로 형성되기 어려울 것이다. 따라서 종중 단체를 남성들만의 전유물로 생각하는 틀에서 벗어나, 종중활동 속에서 선조의 뜻을 어떠한 방식으로 계승할 것인가에 대하여 모든 남녀 친족구성원들 간의 협의를 거쳐서 그 활동을 넓혀갈 때, 우리사회에 대한 순기능을 하는 존재로서의 종중의 자리매김이 가능해질 것이다. 이런 의미에서 필자는 유림에서 종중의 재산분배 자체가 문제 있다는 의견에 귀기울이고 있는 것이다. 이와 같은 문제들은 알다시피 지금까지 종중에서 소외되었던, 딸들에 의해서 더 적극적으로 주장되었다.

따라서 종중단체의 사단법인화방향을 추진할 수 있다면, 결혼과 동시에 존재적 단절을 경험한 여성들에게 가족구성원으로서의 여성 존재에 대한 새로운 상을 심어줄 수 있는 계기가 되리라 생각한다.

　이상의 여러 논의들을 통하여 우리는 오늘날 우리사회 속에서, 그리고 우리들의 의식 속에서, 유교문화는 잊혀진 과거의 모습이 아니라 오늘날까지도 우리들의 삶 속에 면면히 이어져 내려오고 있다는 것을 알 수 있었다. 물론 이러한 전통에 대한 저항의 목소리도 작지는 않다. 특히 호주제나 종회회원 확인 청구소송과 같은 문제가 제기될 때 이들 제도의 여성차별적인 측면을 부각시키면서 유교문화를 청산되어야 할 대상으로 평가하기도 한다. 그러나 이러한 문제들에 나타난 유교문화의 여성차별적인 측면들을 가지고 유교문화 전체를 적대적으로 보면서 제거의 대상으로 삼는 태도는 다시 한번 생각해볼 문제라고 생각한다. 오히려 유교문화 속에서 여성차별적인 시각이 자리잡게 된 근본적인 전제에 대한 검토가 더욱 시급한 문제일 것이다.

　강건함의 상징인 양에 의해 유약함의 상징인 음이 지배되고 통제되어야 한다는 논리가 지닌 배타성은 지양되어야 한다. 그러나 사회가 퇴폐적으로 흐르지 않도록 항상 견제의 역할을 하는 지식인집단의 사회에 대한 책임의식은 선양되어야 할 측면이라고 생각한다. 이러한 긍정적인 측면은 유교문화 속에서 음양 내지는 남녀의 대립에 의해서 일방의 일방에 대한 지배와 복종을 통해 문제를 해결하고자 하는 독단에 대한 견제를 통해서 더욱 부각될 수 있을 것이다. 따라서 여성문제를 통해서 오늘날의 유교문화를 비판적으로 성찰하는 작업은 다른 한편으로는 전통의 건전한 계승을 위해 중요한 위치를 차지한다고 생각한다. 이는 유교문화 속에서 여성에 대한 권위적인 태도가 나오게 된 배경과 그 함의를 비판적으로 바라볼 수 있는 자각이 있을 때, 비로소 유교적인 전통이 새롭게 우리들에게 다가올 수 있다는 의미이다.

주

1) 본고는 저자가 그동안 유교 가족윤리와 여성과 관련해서 발표한 논문들을 토대로 하여 수정, 보완한 것임을 밝혀둔다. 본문 중의 상세한 원문내용은 다음의 논문들을 참조하길 바란다.「유교 가족윤리에 나타난 타자화된 여성」(『철학연구』제46집, 1999),「'음'에 부과된 사적 특성에 대한 여성주의적 접근 주자학의 가족윤리를 중심으로」(『철학』제72집, 2002),「유교문화 속 여성의 존재적 단절」(『철학과 현실』, 2002),「성리학의 '섹슈얼리티' 구성방식에 나타난 성별정체성」(『성과 철학』, 철학과 현실사, 2003).

2) R.H. 반 훌릭,『중국성풍속사』(장원철 옮김, 까치, 1993).

3) 江曉原,『중국인의 성』(예문서원 노장철학분과 옮김, 예문서원, 1993).

4) 이구치 기요유키,『일본인의 성』(유은경·이원희 옮김, 예문서원, 1995).

5) 이순구,「조선초기 주자학의 보급과 여성의 사회적 지위」(『청계사학』 3).

6) 가지 노부유끼,『유교란 무엇인가』(김태준 옮김, 지영사, 1996).

7) 조은·이정옥·조주현,『근대가족의 변모와 여성문제』(서울대학교 출판부, 1997).

8) 한나 아렌트,『인간의 조건』(이진우·태정호 옮김, 한길사, 1997), p.92.

9) 정진성,「여성억압기제의 전통과 근대」(『창작과 비평』, 1996년 겨울호).

10) 앤소니 기든스,『현대사회의 성, 사랑, 에로티시즘 – 친밀성의 구조변동』(배은경·황정미 옮김, 새물결, 2001), pp.260-261.

11) 미셸 푸코,『성의 역사』제1권 (이규현 옮김, 나남출판, 1997), p.104.

12) 김미영,「주희의 불교비판과 공부론 연구」(고려대학교 박사학위논문, 1998).

13)『春秋繁露』「五行對」第38 참조.

14)『春秋繁露』「陽尊陰卑」第43 참조.

15) 『春秋繁露』「五行對」 第38 참조.

16) 『春秋繁露』「陽尊陰卑」 第43 참조.

17) 『春秋繁露』「五行對」 第38 참조.

18) 『春秋繁露』「陽尊陰卑」 第43 참조.

19) 陳鵬, 『中國婚姻史稿』(中華書局, 1990).

20) 『白虎通』 嫁娶 참조.

21) Jack L. Dull(ed), 「Han Social Structure」(Univ. of Washington Press), 제3장 참조.

22) 凱瑟琳·弗利茲, 「欲望 危險 身體－中國明末女德故事」(『性別與中國』, 三聯書店, 1994).

23) Bettine Birge, "Chu Hsi and Women's Education"(Neo-Confucian Education : The Formative Stage, Univ. of California Press), p.357.

24) 王善軍, 『宋代宗族和宗族制度研究』,(河北敎育出版社, 2000), p.85.

25) 『家範』 참조.

26) 『河南程氏遺書』 22권 하 참조.

27) 『詩傳』 衛風 氓.

28) 『詩傳』 衛風 氓.

29) 『易傳』 家人卦 참조.

30) Joan W. Scott, "Gender : A Useful Category of Historical Analysis" (The *American Historical* Riview 91 No.5, 1986), p.1067.

31) 『禮記』 18권 「악기」.

32) 『북계자의』 상권, 情부분 참조.

33) 川村邦光, 「性家族の肖像」(『思想』 845호, 岩波書店, 1994년 11월), p.225.

34) 『禮記』「예운」 참조.

35) 『尙書正義』 7권.

36) 『논어』 9권 子罕 참조.

37) 『대학』 好好色 惡惡臭.

38) 『毛詩正義』 권2-2.

39) 『논어』 15권 「위령공」편 참조.

40) 『주자어류』 81권.

41) 『辭海』 참조.

42) 『禮記』 27권 애공문 참조.

43) 『禮記』 27권 애공문 참조.

44) 반 훌릭, 앞의 책 pp.279-280.

45) 앤소니 기든스, 앞의 책.

46) 『朱子語類』 21권.

47) 『大學衍義』 33권.

48) 『논어집주』 16권.

49) 『朱子語類』 78권.

50) 『胡宏集』 知言 陰陽.

51) 『근사록』 참조.

52) 『朱子語類』 81권.

53) 정진경, 「성역할 연구의 양성적 시각」(『한국여성학』한국여성학회 제3집, 1987), p.136.

54) 『페미니즘사전』 sex-roles 성역할 항목 참조.

55) 김혜숙, 「음양존재론과 여성주의 인식론적 함축」(『한국여성학』제15권 2호, 1999).

56) 『페미니즘사전』 가정항목 참조.

57) 『周易大全』 「上下篇義」 참조.

58) 『周易』咸卦 참조.

59) 『周易』咸卦 참조.

60) 『周易』恒卦 象傳 참조.

61) 『周易』恒卦 象傳 참조.

62) 『易傳』歸妹卦 참조.

63) 『易傳』蠱卦 참조.

64) 『易傳』蠱卦 九二爻 참조.

65) 이권, 「"성리학의 '섹슈얼리티' 구성방식에 나타난 성별정체성"에 대한 논평」『성과 철학』, 철학과 현실사, 2003.

66) 『周易』家人卦 참조.

67) 『易傳』家人卦 참조.

68) 『易傳』家人卦 六二爻 참조.

69) 『朱子語類』권13 참조.

70) 『朱子語類』권65 참조.

71) 『周易』歸妹卦 참조.

72) 『周易本義』歸妹卦 참조.

73) 『易傳』 歸妹卦 참조.

74) 『禮記』 「曾子問」 참조.

75) 김주수, 『친족상속법』(법문사, 1991), 제5장.

76) 김준원, 「현행 민법상의 호주제에 관한 연구(상)-폐지론에 대한 비판적 입장에서」(『사법행정』, 2002), pp.7-8.

77) 김주수, 앞의 책, 제5장.

78) 양현아, 「호주제도의 젠더정치 : 젠더 생산을 중심으로」(『한국여성학』 제16권 1호, 2000), pp.66-67.

79) 허라금, 「호주제는 폐지되어야 한다」(『철학과 현실』, 2001년 여름호).

80) 이광규, 「한국가족연구의 제문제」(『한국학보』, 제3권 제2호, 1977), p.189.

81) 靑目 淸, 「한국 호주제도 - 그 계보적 검토」(『衿山法學』1권, 1998).

82) 양현아, 앞의 글, p.83.

83) 「한겨레신문」, 2001년 12월 17일 기사 참조.

84) 민법 제275조항에 의하면, 법인이 아닌 사단의 사원이 집합체로서 물건을 소유할 때에는 총유로 한다고 한다.

85) 「조선일보」, 2001년 10월 24일.

86) 김원권, 「종중에 관한 법적 고찰」(강릉대 석사학위논문, 1992).

87) 심희기, 「조선후기 종중의 단체성과 소유형태」(『법사학연구』 10 69권, 1989).

88) 김호규, 「한국전통사회에 있어서의 단체적 소유-특히 종중의 경우를 중심으로」(서울대 석사학위논문, 1987).

89) Patricia Ebrey, "Conceptions of the Family in the Sung Dynasty" (*The Journal of Asian Studies* vol.8 no.2, Feb. 1984(published by the association for asian studis)) 참조.

90) 서양걸, 『송명가족제도사론』(중화서국, 1995).

91) 김성철, 「종족과 사회 : 한국과 중국의 비교」(『비교문화』3호, 1997).

유교문화와 여성

초판발행 2004년 3월 30일 | 2쇄발행 2007년 5월 20일
지은이 김미영
펴낸이 심만수 | 펴낸곳 (주)살림출판사
출판등록 1989년 11월 1일 제9-210호

주소 413-756 경기도 파주시 교하읍 문발리 파주출판도시 522-2
전화번호 영업·(031)955-1350 기획편집·(031)955-1357
팩스 (031)955-1355
이메일 salleem@chol.com
홈페이지 http://www.sallimbooks.com

ISBN 89-522-0209-0 04080
    89-522-0096-9 04080 (세트)

* 잘못된 책은 구입하신 서점에서 바꾸어 드립니다.
* 저자권자와의 협의에 의해 인지를 생략합니다.

값 9,800원